AF338844

CAUSES VÉRITABLES

DES TROUBLES

ARRIVÉS A NISMES, EN JUILLET 1815.

Les troubles affreux qui se sont mêlés dans Nismes, au triomphe de la cause royale, y ont affligé les meilleurs amis de cette cause.

Mais quelle n'a pas été leur indignation en voyant le compte infidèle qu'un article, inséré dans l'Aristarque du 31 juillet, a rendu de ces événemens et de ceux qui les précédèrent ! Tout y est dénaturé, principalement leurs causes qu'on suppose dans une différence d'opinions religieuses entre les partis qui se sont choqués, tandis que là, comme ailleurs, on s'est agité uniquement pour savoir si nous continuerions à vivre sous le doux régime d'un Prince légitime, ou si nous reprendrions le joug de l'impitoyable dévastateur du monde ; tandis que les maux qui ont pesé sur la faction abattue, tout déplorables qu'il soient, ont été la suite des excès les plus atroces qui avaient signalé sa domination.

Telle est la vérité. **On va la démontrer dans** cet écrit.

Nismes renferme deux partis, bien prononcés, depuis vingt-cinq ans ; l'un qui a toujours soupiré pour la royauté (1), l'autre qui n'a cessé de s'en montrer l'ardent ennemi. Les catholiques qui font plus des deux tiers de la population, composent presqu'en entier le premier parti ; dans l'autre sont presque tous les protestans. Ce serait pourtant une grande erreur de croire que l'opposition des dogmes ait pu devenir la cause morale de cette divergence politique. Les cantons démocratiques de la Suisse sont catholiques ; la Prusse, soumise à un gouvernement absolu, suit la religion protestante ; aussi en France, hors du département du Gard, on ne cesse pas d'être ami du Roi, quoiqu'on professe un culte différent du sien ; mais à Nismes et dans les autres communes du département, soumises à l'influence de la métropole, une cause toute particulière a produit généralement un autre effet. Les protestans y forment à peu près le tiers de la population ; proportion plus grande qu'ailleurs. Ils comptent parmi eux plusieurs familles enrichies

---

(1) Ce ne fut qu'avec les plus grandes peines qu'on parvint, en 1790, à lui faire prendre la cocarde tricolor. « Faites-le pour un bien de paix, lui dit le président de la » commune, vous n'en aurez pas moins dans le cœur la » même façon de penser : oh ! oui, pour la vie, répondirent » les légionnaires ». *Rapport d'Alquier à l'assemblée nationale, sur l'affaire de Nismes, au nom des comités de rapport et des recherches, pag. 37.*

par le commerce , et qui ont toujours nourri un
extrême amour de domination.

Exclus des emplois jusques en 1789 , ils em-
brassèrent avec ardeur ce qu'ils appellent encore
dans le pamphlet que nous combattons , *le système des idées libérales.* Les catholiques n'eurent
pas le même motif pour détacher leur affection
d'un gouvernement qui faisait leur bonheur ; ainsi
s'établit la différence. Les cultes ne se heur-
tèrent pas ; aucun fanatisme religieux ne se glissa
dans les âmes ; mais chacun suivit la ligne où
un motif étranger à son culte l'avait placé (1).

Cependant, l'auteur du pamphlet fait de Nismes
le théâtre de dissentions religieuses , et ce n'est
pas sans dessein. Suivant lui , le parti vaincu
n'était pas rebelle à son Roi. Il n'a été combattu
que pour sa religion. Les principes de tolérance ,
de justice , de liberté , souffriraient-ils plus longtemps qu'il fût comprimé , qu'il demeurât privé
de son influence accoutumée ? non , sans doute.
Le gouvernement doit la lui rendre ; mais ,

---

(1) Cette vérité que l'auteur de l'article inséré dans l'Aristarque conteste fut reconnue dans le rapport énoncé dans
la note précédente. Voici ce qu'on lit à ce sujet, à la
page 73 de ce rapport :

« Enfin, MM., vos comités ont été convaincus, jusqu'à
» l'évidence, que les troubles de Nismes, excités par un
» parti opposé à la révolution, ont pris leur source dans
» la différence des intérêts et des opinions politiques, et
» nullement dans la diversité des opinions religieuses ».

comme on n'a terrassé, destitué que les fauteurs du Corse ; celui-ci ou les siens , à la première occasion , trouveront de nouveau , de puissans auxiliaires dans ceux qui auront ainsi recouvré leurs emplois , leurs armes et réduit, comme auparavant, les fidèles royalistes à une nullité absolue.

Voilà le calcul que l'on fait , l'objet de la distinction religieuse qu'on a imaginée. Nous disons qu'on l'a imaginée. Les royalistes n'ont jamais voulu abattre que le monstre de l'anarchie ou du bonapartisme. Ils comptent sous leurs bannières quelques protestans zélés. Leur général est de ce nombre. Des catholiques, au contraire , quoiqu'en petit nombre , figurent dans les rangs des révolutionnaires. Considérons-donc les deux partis, tels qu'ils ont toujours été réellement.

Ils en vinrent aux mains en 1790. Comment le défenseur des bonapartistes n'a-t-il pas craint de soulever le voile que le temps avait jeté sur cette scène affreuse ? Quoi ! la cause du Roi est triomphante , et l'on a le front de célébrer aujourd'hui la victoire alors remportée sur elle avec le secours des Cevennes ou de la Vaunage , ces foyers éternels de sédition (1) !

____

(1) Vous jugerez , disait encore M. d'Alquier , à l'assemblée nationale, que ces événemens tenaient à des projets plus vastes que la surveillance des corps administratifs et le courage des gardes nationales ont heureusement déconcertés. Page 71 du rapport déjà cité.

La puissance , s'écrie l'audacieux libelliste , *resta aux protestans* qui admirent à son partage les plus sages d'entre les catholiques.

Jusqu'où l'impudence est portée ! A l'exemple de cet assassin , de Louis XVI , qui osa se vanter de son crime dans un mémoire adressé au frère même de son auguste victime , on se fait ici un trophée des succès et des abus de l'usurpation. On s'honore d'être devenu les agens du système qui anéantit la monarchie , d'avoir été les dépositaires d'une autorité qui contemplait froidement l'insubordination de l'armée , l'incendie des châteaux , la création de ces compagnies d'assassins , connues sous le nom de *pouvoir exécutif* (1), et qui n'agissait avec vigueur que pour disperser les camps de Jalés , de la Lozère , pour porter la flamme et le fer par tout où l'amour de la royauté se laissait soupçonner.

Les catholiques qui s'associaient à cette conduite sont décorés du nom *des plus sages* ;

______

(1) Cette association se forma à Nismes en 1791 : ces membres étaient armés de nerfs de bœuf; leurs fonctions consistaient à accabler d'indignes traitemens les personnes qui refusaient d'aller aux offices des prêtres assermentés. Bientôt ils passèrent à des assassinats ; on peut citer deux victimes égorgées par eux publiquement, Coiset, Gibrat, etc. Cette bande d'assassins était non-seulement tolérée par les autorités , mais encore publiquement honorée par les chefs du parti patriote. Celui qui la commandait eut les honneurs de la présidence du club , connu sous le nom *des amis de la constitution.*

ce qui veut dire que la révolte était un acte de haute vertu.

Le rédacteur du libelle veut faire à ses héros une gloire des persécutions qu'ils partagèrent avec les royalistes en 1794. Sans doute ces disciples des Brissot, des St-Etienne, des Vergniaux, ne durent pas céder sans regret à la multitude qu'ils avaient si imprudemment égarée, un pouvoir qui leur semblait une propriété.

Le 9 thermidor les rétablit dans leur conquête. Ils en jouirent paisiblement jusqu'à la restauration qui leur causa les plus vives alarmes. Comment un gouvernement protecteur pour tous, pouvait-il rassurer leur ambition ? Quel espoir présentaient désormais, à une minorité factieuse, des élections dégagées de contrainte ; la dispensation des emplois par un monarque qui ne ferait point un crime de l'attachement à sa personne ? Aussi, les vit-on se rallier à tous les mécontens. La joie des royalistes leur devint importune. Une proclamation de la mairie annonça qu'il fallait mettre un terme à de louables transports.

Un royaliste avait mis sur sa porte cette inscription : *les Bourbons ou la Mort* ; elle fut effacée par la police. On le déclara mauvais citoyen, et il fut jeté dans une prison d'état, d'où il ne sortit que sur des ordres réitérés du Roi.

Qui le croirait ? Le cri de vive le Roi offensa les oreilles ; un arrêté de la mairie le défendit.

Il fallut le renfermer dans les cœurs jusqu'à l'arrivée de Monseigneur le Duc d'Angoulême. On se permit dans cette occasion de transgresser l'arrêté.

Ce sont ces cris que le libelliste traite de cris frénétiques; ce sont ces transports qu'il reproche au ministère d'avoir laissé impunis, qui glaçaient, à l'entendre, les patriotes d'épouvante, lorsque ceux-ci régnaient sans obstacle, qu'ils formaient la plus grande partie de la garde urbaine, que leurs maisons étaient des arsenaux (1), que celles des royalistes ne renfermaient que le couteau de ménage.

Bientôt l'audace des conspirateurs prélude au retour de leur idole. Un café reçoit le nom de l'Ile d'Elbe. Dans les premiers jours de février on y chante : *Quand le bien aimé reviendra....*

Le dévastateur du monde satisfait à ce vœu. Le 12 mars, on avait résolu d'arborer son étendard, lorsque l'arrivée inattendue de Monseigneur le Duc d'Angoulême déjoue ce complot. Les royalistes lui offrent leurs vies. Deux mille hommes partent pour le point qu'il leur assigne ; trois ou quatre protestans entrent dans leurs rangs comme volontaires ; autant prennent parti dans l'état-major ; le reste garde un morne silence : possédant les emplois administratifs, il oppose une résistance d'inertie aux mesures prises par

______

(5) On a trouvé chez les uns jusqu'à dix fusils, chez d'autres jusqu'à vingt-cinq.

le Prince ; et le rédacteur du libelle n'a pas rougi de prétendre que les principaux des siens avaient accouru sous les drapeaux du fils de France.

S'il faut l'en croire , ils se distinguèrent dans les souscriptions pécuniaires qui furent ouvertes. Leur nombre fut petit : encore la plupart ne firent que des promesses , quand les royalistes versèrent en souscrivant.

Une compagnie d'étudians de Montpellier allait à l'armée royale ; en passant à Nismes, deux d'entre eux furent assassinés par des membres de la garde urbaine.

Le Prince partit. La victoire le conduisait rapidement à Lyon, quand la trahison arrêta ses pas. Le 3 avril, le drapeau tricolor est arboré dans Nismes.

On n'a pas craint de dire que le militaire fut seul à opérer ce mouvement, que les citoyens y demeurèrent étrangers.

Nous allons répondre à cette assertion des bonapartistes par le compte qu'ils ont rendu eux-mêmes de cet événement, dans le journal du Gard du 15 avril 1815.

Nismes , le 14 avril 1815.

« La révolution qui vient de changer si
» subitement la face de la France, a éclaté ici
» d'une manière d'autant plus énergique, que
» le patriotisme était depuis quelque temps plus

» fortement comprimé. La présence du Duc
» d'Angoulême avait donné au parti royaliste une
» impulsion telle, que les symptômes en deve-
» naient chaque jour plus alarmans pour ceux qui
» ne partageaient pas les fureurs de ce parti. Les
» mesures les plus violentes étaient employées :
» les arrestations arbitraires avaient commencé ;
» toutes les communications étaient interceptées,
» le secret des lettres violé ; on publiait de faux
» avis ; on s'était emparé des caisses publiques, et
» l'on organisait une armée de gardes nationales
» destinée à marcher sur Lyon et sur la capitale.
« Cependant, malgré toutes les précautions prises
» pour déguiser la vérité des faits, nous connais-
» sions les succès de l'Empereur ; la nouvelle
» de son entrée à Paris sur-tout nous était par-
» venue par une voie si sûre, qu'il ne fut pas pos-
» sible de la dissimuler : le Prince prit le parti
» de la faire publier ; il annonça, en même temps,
» qu'un gouvernement provisoire était établi à
» Toulouse, et il continua de s'occuper des
» moyens de résistance, qui dès lors n'étaient
» autre chose que l'organisation de la guerre civile
» dans ces contrées, sans qu'elle pût servir la cause
» des Bourbons, déjà perdue dans les trois quarts
» et demi de la France. Le Prince partit pour le
» Pont-Saint-Esprit, et l'on dirigeait sur ce point
» les corps de gardes nationales qu'il avait appelés
» de ce département et des départemens voisins.
» Ses agens exerçaient la police dans la ville, et

» ne négligeaient rien pour comprimer le bon
» esprit de ceux qui gémissaient de ces folies,
» et déploraient d'avance leurs funestes effets.

» *Les patriotes avaient formé depuis quelques*
» *jours le projet de secouer le joug et de se déclarer*
» *hautement*, en joignant leurs vœux à ceux de
» l'armée et de la grande majorité des Français :
» *quelque danger qu'il y eût à l'exécuter dans une*
» *contrée* soumise à l'influence d'un prince de la
» maison de Bourbon, ils s'y *déterminèrent par*
» *le* double motif de faire *triompher la bonne*
» cause, *et d'arrêter* les progrès du mal, en para-
» lysant, *par l'interception des voies de communi-*
» *cation, des mesures qui ne pouvaient plus avoir*
» *d'autre effet que de favoriser des projets étran-*
» *gers à la cause du Roi; projets si peu dis-*
» *simulés, qu'il eût été trop imprudent de ne*
» *pas se mettre en garde contre l'exécution.* Les
» patriotes étaient appuyés par le brave 63.e
» régiment de ligne et par les officiers en retraite
» et à la demi-solde qu'on avait réunis ici pour
» en former un corps destiné à renforcer l'armée
» royale. Ce furent ces braves officiers qui, le 3
« avril à dix heures du matin, donnèrent le signal :
» ils étaient réunis à la Fontaine, où l'on devait
» leur faire prêter serment de fidélité au Roi : mais,
» au lieu de ce serment, ils mirent tous, par un
» mouvement simultané, le sabre à la main, en
» criant : *Vive l'Empereur ! Plusieurs citoyens se*
» *joignirent à eux ; ils partirent de là tous ensem-*

» *ble et se portèrent à la caserne.* Le régiment
» les accueillit en frères, en répétant leurs accla-
» mations. Les soldats prirent aussitôt la cocarde
» nationale et leurs aigles qu'ils avaient conservés
» dans leurs sacs ; *une grande partie de la garde*
» *urbaine se réunit à eux ;* on arbora l'étendard
» tricolor ; on prit les armes pour proclamer le
» gouvernement impérial. L'autorité militaire se
» saisit de l'administration de la police ; on fit des
» patrouilles pour le maintien de l'ordre. *Les roya-*
» *listes furent consternés,* mais ils n'eurent à souf-
» frir aucune atteinte, aucune insulte : on n'en-
» tendit plus que les accens de la joie et les cris
» de *vive l'Empereur !* La tranquillité publique ne
» fut troublée par aucun excès ; le soir toute la
» ville fut illuminée.

» (Les actes de l'autorité, tant militaire que
» civile, qui se lient à cet événement et qui en
» sont la suite, sont consignés dans le dernier n.º
» du journal).

» Ainsi s'est opérée dans nos murs cette révo-
» lution ; qui a *peut-être préservé ce pays de grands*
» *malheurs. Le mouvement* se communiqua bientôt
» aux villes et aux campagnes voisines , *sur-tout*
» *dans la Vaunage et dans les Cevennes.* Le zèle
» des habitans de ces contrées répondit si promp-
» tement *à l'appel qui leur fut fait,* que dans trois
» ou quatre jours plus de *vingt-cinq mille hom-*
» *mes* seraient arrivés à Nismes, si l'on ne se fût
» hâté d'en arrêter la marche, dès que l'on sut

» que ce *secours était inutile.* Environ deux mille
» hommes qui étaient accourus les premiers, s'en
» retournèrent immédiatement. L'armée royale
» n'était plus à craindre : quelques troupes parties
» de Nismes, sous le commandement du général
» Gilly, s'étaient emparées du Pont-Saint-Esprit;
» d'autres forces avançaient du côté de Lyon, et
» les habitans de l'Isère, de la Drôme et de l'Ar-
» dêche repoussaient de tous côtés ces bataillons
» royaux, qui se débandèrent, et dont les soldats,
» dispersés et fuyant dans le plus grand désordre,
» sont déjà presque tous rentrés dans leurs foyers.
» Honneur aux braves officiers retraités! Honneur
» au 63.ᵉ régiment de ligne, et à tous ceux qui
» ont si *bien secondé parmi nous cet élan du patrio-*
» *tisme !* Ils ont concouru à relever la gloire na-
» tionale, et à rappeler les principes libéraux.
» Ces principes, qui furent proclamés dès l'au-
» rore de la révolution, sont aujourd'hui, comme
» en 89, le vœu du peuple français; ils sont deve-
» nus le vœu de tous les peuples de l'Europe. Au
» point où en est aujourd'hui la civilisation, grâce
» au progrès des lumières et aux leçons de l'expé-
» rience, le despotisme et l'anarchie sont égale-
» ment incompatibles avec l'état social. Il faut que
» ces institutions gothiques auxquelles on voulait
» insensiblement nous ramener, soient proscrites
» sans retour, comme les sophismes qui favori-
» sent la licence, et que le gouvernement monar-
» chique s'établisse sur les bases d'une sage liberté.

» — Le Duc d'Angoulême, qui devait passer
» ici pour aller s'embarquer à Cette, est encore
» retenu à Pont-Saint-Esprit, d'après des ordres
» supérieurs. On croit qu'il sera conduit à Paris.
» Il est, dit-on, à peu près seul : les seigneurs de
» sa suite l'ont bravement abandonné au moment
» du danger ».

Oserez-vous maintenant vous dire étrangers à
la révolte, vous qui en avez ainsi revendiqué
toute la gloire, qui n'avez permis de voir dans les
militaires égarés par vos dons, par vos discours, par
vos exemples, que des instrumens de vos complots?

Que serait - ce si, à votre propre récit, nous
ajoutions encore les détails que vous avez cru
inutiles ? Si nous montrions ces soldats que vous
aviez soulevés, portant une main sacrilége sur
leurs chefs, les généraux Briche et Pélissier qui
leur ordonnaient de rentrer dans le devoir et les
traînant dans des cachots ? Si nous rappelions
ces hurlemens d'une joie féroce, ces chansons
impies contre les Bourbons, que vous faisiez re-
tentir dans les rues, cette députation d'un officier
de la garde urbaine à Gilly, pour venir prendre
le commandement enlevé au général Briche, cette
formation soudaine de compagnies franches pour
se porter à Pont-Saint-Esprit avec les troupes de
ligne ? Si sur-tout nous expliquions ce passage
voilé de votre compte rendu où vous parlez de
projets étrangers à la cause du Roi ?

Et pourquoi laisser ignorer l'horrible sens de ces paroles ? La calomnie est si atroce qu'elle n'indique qu'un petit nombre de scélérats pour auteurs. La foule qui y a ajouté foi, n'a pu qu'être trompée, et cette faiblesse est moins propre à aggraver ses autres torts qu'à lesrendre excusables. Oui, les conjurés qui ont voulu l'entraîner dans l'abyme, ont pu seuls supposer que le plus clément, le plus humain des Rois avait ordonné une nouvelle St-Barthélemy dans le Gard, qu'il *y aurait de l'imprudence à ne pas se mettre en garde contre l'exécution de cette mesure* (1).

Cependant le Prince, coupé sur ses derrières, est forcé de revenir à Lapalud. Il pouvait, suivi d'une armée fidèle, gagner le Piémont ou Marseille. Mais la prise de Lyon, unique but de son expédition était manquée, et ç'eut été sacrifier des braves sans servir la cause du Roi. Il consent à traiter avec Gilly. Il stipule sa sortie immédiate de France et la rentrée paisible de ses compagnons de gloire dans leurs foyers. L'armée frémit à cette nouvelle. Tous le conjurent de leur permettre de mourir pour lui épargner le sort du

---

(1) On prit prétexte de l'assiduité de Monseigneur le Duc d'Angoulême aux offices divins, pendant la semaine sainte, pour accréditer ce bruit. C'est avec ce levier qu'on a soulevé le peuple des Cevennes, de la Gardonnenque et de la Vaunage. Le même moyen était employé en Alsace, comme ailleurs ; on avait mis en avant le rétablissement des dixmes et des droits féodaux.

Duc d'Enghuien. Il ferme l'œil sur ses dangers ; il ne voit que ceux de l'armée (1).

Les volontaires déposent leurs armes. Aussitôt le Prince est arrêté ; on l'insulte, on le dépouille des objets les plus nécessaires. Le portrait d'une Princesse chère à son cœur et à tous les vrais français, lui est ravi. On assure que l'épée du petit-fils de Henri IV, passe dans les mains d'un brigand appelé *Lafond*, la honte de Nismes, sa patrie, officier à la demi-solde, et qui avait présidé à la révolte du 3 avril.

L'Europe sait que la politique seule sauva la vie du Prince. Mais on n'a connu que dans nos contrées le sort qu'éprouvèrent ses braves soldats. On les attendait sur le Pont-St-Esprit. Les premiers qui paraissent sont dépouillés, meurtris, jetés dans le Rhône par des militaires. Les autres arrivent dans le Gard par des routes détournées, et vont y trouver les mêmes périls. Ceux-ci reçoivent à Arpailhargues, à Veuzet la mort dans des maisons qui leur ont offert une hospitalité trompeuse. Ceux-là sont assassinés dans les champs. La

---

(1) Le lendemain de la convention, on s'attendait à Nismes au passage du Prince ; les relais de poste étant commandés pour cela. La ville renfermait une foule de gardes nationaux de la Gardonnenque, qui se trouvaient sur la route de Nismes à Montpellier. Une voiture arrive ; on court sur elle avec des démonstrations menaçantes. Celui qui y était renfermé, le sieur Lazare, maire d'Uchaud, s'écrie : Vous vous trompez ; je ne suis pas le Prince.

population presqu'entière de la Gardonnenque ,
de la Vaunage , de Vauvert se lève contre des
hommes isolés , sans armes , qui retournent à
Montpellier , à Béziers , à Perpignan , à Toulouse dans le sein de leurs familles. Combien ont
mordu la terre inhospitalière qu'ils traversaient (1) !
On ne saurait citer tous les traits de barbarie
exercés sur eux. A Saint-Chaptes, une fille renversa
d'un coup de faux un jeune homme s'échappant
des mains barbares du père.

Les volontaires Nîmois , plus près de leur
pays , connaissant mieux les routes , se flattaient
de courir moins de danger ; mais la garde
urbaine , fortifiée de la lie de la population ,
dont une compagnie portait le nom glorieux de
chasseurs de l'Ile d'Elbe , gardait les avenues
de la ville , avec la troupe de ligne. Certains
quittaient leurs postes et se répandaient dans
la campagne ; les volontaires qui tombent dans
leurs mains , sont heureux quand on ne fait
que les dépouiller, que les accabler de coups.
Plusieurs , laissés sans vêtemens , errent dans
les plantations d'oliviers jusqu'à ce que quelque
passant couvre leur nudité d'une partie de ses
habits ; d'autres perdent corps et biens.

A peine le plus grand nombre de ceux qui
avaient obtenu la vie, arrivaient dans leurs familles

____

(1) La police fait des recherches pour découvrir le nombre
des victimes que la voix publique porte à environ 200.

on pleurs qu'on les arrachait aux embrassemens de leurs mères ; de leurs épouses ; sous prétexte qu'ils appartenaient à l'armée. On a vu de ces infortunés blessés , tombant de faiblesse dans la cour de la citadelle et traînés inhumainement par les cheveux dans les cachots , rester là vingt-quatre heures sans être pansés.

Durant le cours de ces atrocités , l'infâme Gilly revient avec ses satellites de l'expédition de Saint-Esprit ; la garde urbaine court au-devant d'eux portant d'indignes lauriers à ces violateurs des traités , à ces assassins des gardes - royaux ; un banquet civique leur est donné ; tout ce qu'il y a de bonapartistes , soit simples citoyens , soit magistrats , concourent aux frais avec la garde urbaine ; à l'issue de cette orgie , les soldats , poussés par des gardes-urbains , dévastent les maisons de deux royalistes (1) ; la caserne devient le théâtre de danses journalières qui se prolongent dans la nuit ; l'oubli de la pudeur est tel que des filles y vont avec l'agrément de leurs mères.

Les vexations se multiplient. Quatre royalistes sont désignés à un proconsul qui ordonne leur exil (2). La garde urbaine, requise par ces fonctionnaires *qu'on dit n'avoir pas été persécuteurs*,

----

(1) Ces royalistes sont les nommés Talagrand , demeurant au Cours-neuf , et Combet , demeurant à l'enclos de Rey.

(2) MM. Lavondés , Vampère , Souchon et Terme envoyés en surveillance dans divers départemens , par un arrêté du commissaire d'Alphonse , affiché par-tout avec le plus grand éclat.

court à Saint-Gilles où l'on n'était pas à la hauteur des idées libérales ; elle maltraite, elle enlève des cultivateurs paisibles. M. Baron, conseiller à la Cour royale, était malade depuis un mois dans cette ville, son pays natal ; il avait fait un vœu pieux, si Madame la Duchesse d'Angoulême donnait un Prince à la France. La garde urbaine voit en lui un conspirateur ; sa maison est pillée : on l'arrache à son lit ; on le garde une journée entière sur la place publique de Saint-Gilles ; on le traîne la nuit suivante dans les prisons de Nismes, à travers une populace qui l'accable d'imprécations et crible de pierres sa voiture où sa respectable fille, Madame Trinquelague, lui faisait un rempart de son corps.

Non contente de ces exploits, la garde urbaine retourne à Saint-Gilles pour désarmer ses habitans ; elle se met à discrétion chez eux, les ruine par ses exactions, et revient couverte du sang d'un de ses concitoyens (1). Elle se montre dans tous les villages qui ont donné asile aux gardes-royaux qu'elle a forcés de s'expatrier, et qu'elle appelait *Miquelets*, dénomination dont ils se glorifiaient. Bouillargues, Redessan, Manduel, Garons, sont sur-tout en butte à ses visites, marquées

____

(1) Le 13 juin 1815, Jean Donatel de Nismes, se trouvant à St-Gilles pour affaires, y fut rencontré et sabré par des gardes urbains de Nismes. Il fut redevable de son salut à quelques habitans de St-Gilles qui le transportèrent à l'hôpital.

par des dévastations, par le pillage, par des arrestations, par l'effusion du sang. Ceux qui se livrent
le plus à ces excès , sont sûrs de récompense.
On a l'audace de demander la croix d'honneur
pour l'un de ces brigands qui avait été présent
lors de l'assassinat d'un étudiant de Montpellier.
Et c'est cette garde qui , à entendre certaines
gens, se montra toujours si recommandable par
son amour pour l'ordre, qui savait si bien faire
respecter les personnes et les propriétés , dont
on vante tant les services, dont on pleure le dé-
sarmement, dont on feint d'ignorer les torts !

Ses torts ! ils croissaient sans cesse. Des bataillons de gardes nationales sont requis pour les
Pyrénées. La garde urbaine , courageuse seulement contre ses concitoyens désarmés , se fait
exempter de ce service, sous prétexte qu'elle est
nécessaire au maintien de la tranquillité intérieure.
Les royalistes se plaignent; ils vont payer cher
cette audace. Un décret soumettait les gardes royaux à servir dans l'armée de ligne ; mais des ins-
tructions particulières avaient appris au préfet que
cet appel de citoyens si opposés à la cause de
Buonaparte , n'était qu'un épouvantail destiné à les
contenir dans la soumission. La garde urbaine
parvient à faire exécuter le décret ; on aggrave
même sa rigueur en portant sur la liste des gardes
royaux, des citoyens qui ne l'avaient point été,
la plupart pères de famille , à qui l'on refusait la
faculté de se faire remplacer : on avouait sans
déguisement que la mesure n'était qu'un ostracisme.

Les administrateurs, les magistrats, les employés, suspects de royalisme, étaient ou destitués ou dénoncés.

Le titre de brigand était le lot de tous ceux qui ne partageaient pas cette frénésie. On menaçait leurs paisibles réunions.

Un pacte fédératif vint redoubler la rage ; les succès apparens de Fleurus l'exaltèrent encore. La garde urbaine porta processionnellement le buste de son héros couronné de lauriers ; elle réclama les images de nos augustes Princes pour en faire un *auto-da-fé* ? Si ce dernier attentat ne fut pas consommé, c'est que le maire, vivement pressé de livrer les images sacrées, exigea un récépissé des chefs qui n'osèrent pas le donner.

Tant de vexations, tant d'outrages avaient porté l'exaspération dans l'âme des gardes-royaux. Ceux qui erraient dans les bois, dénués de toute ressource, attendaient des armes, et soupiraient après le retour du Prince, sous lequel ils avaient déjà combattu. La guerre civile était décidée dans leurs cœurs, quand une nouvelle imprudence de leurs ennemis fournit l'occasion d'éclater. A la nouvelle de la bataille de Vaterloo, la Provence avait secoué le joug de la tyrannie ; à son exemple, Beaucaire arbora l'étendard sacré des Lys.

Les administrations de Nismes, pleines d'épouvante et d'indignation, chargent la *garde urbaine* et des fédérés de la Vaunage d'aller réprimer cet attentat ; ils partent au nombre de six cents, et.

répondent par le feu aux paisibles remontrances d'une députation. Soixante royalistes de Beaucaire ripostent par une décharge, et dissipent, en un clin d'œil, ces colosses de terreur.

Beaucaire devint de suite le point de réunion de tous les royalistes errans dans ses environs ; les villages voisins, menacés, comme cette ville, sentirent la nécessité de s'y rallier. Une armée royale fut créée ; des commissaires du Roi l'organisèrent ; de nouveaux administrateurs pour le département furent nommés ; le drapeau blanc flotta dans une grande partie des communes ; les bonapartistes de Nismes tremblèrent à leur tour ; la garde urbaine se renforça des fédérés de la Gardonnenque et de la Vaunage ; Gilly amena de Montpellier des troupes de ligne à qui il venait de faire faire une horrible boucherie des royalistes ; on arma un tas de brigands obscurs qui avaient fui de la Provence devant les Lys triomphans, et qu'on obligeait les Nimois à nourrir.

Les mesures de terreur, les insultes envers les paisibles citoyens redoublèrent ; des maisons furent dévastées, des royalistes poursuivis, d'autres sabrés (1).

Nous savions que le Roi avançait vers sa capitale. Ses commissaires enjoignirent à la ville de Nismes

---

(1) Le 4 juillet, les maisons de Jacques Riches et Thomas Ribière furent dévastées par des individus de la garde urbaine. Ribière reçut un coup de sabre, qui lui abattit le petit doigt de la main gauche, et lui divisa l'annulaire de la même main.

de le reconnaître. Si on l'eût fait, la ville était sauvée. L'armée de Beaucaire était encore sans armes. Les commissaires du Roi auraient trouvé dans Nismes un corps de troupes de ligne. La garde urbaine eût été reconstituée selon les règles; on y aurait laissé une partie de ses membres; les nouveaux admis auraient été pris dans la classe aisée des royalistes; on leur eût donné les armes, si mal - à - propos confiées à un ramas d'êtres obscurs, qui seraient retournés à leurs ateliers : dès-lors l'exaspération des gardes-royaux appartenant à la classe du peuple, n'eût pas été à craindre.

Qui a empêché cette salutaire transition? ceux qui se plaignent aujourd'hui qu'elle n'ait point eu lieu.

Les destins de la France étaient décidés; le Roi était à Saint-Denis ; mais à Nismes on disait encore qu'on ne voulait pas des Bourbons. Ces urbains, ces fédérés, naguères si passionnés pour une fausse gloire nationale, si prononcés contre toute intervention du congrés, préféraient, au Souverain né pour la France et réclamé par elle, un enfant qui serait imposé par les baïonnettes autrichiennes. Ils l'appelaient de leurs vœux anti-Français, et ils croyaient que l'honneur national serait sacrifié à ces vœux. Ils le firent proclamer d'avance avec la plus grande pompe.

Au lieu d'obéir à l'injonction des commissaires du Roi, on leur fit des propositions insidieuses. On demanda un délai jusqu'à la connaissance des dispositions des alliés sur le Souverain que la France devait avoir. Les commissaires y consentirent ; ils attendaient des armes pour les serviteurs du Roi.

Cependant le nombre de ces braves , décidés à ne pas souffrir plus long-temps la persévérance de la rébellion , croissait chaque jour , ainsi que leur exaltation. L'instant de céder, dans Nismes , arrive. L'entrée du Roi à Paris y est connue. Gilly disparaît le 15 juillet. La garde urbaine consternée laisse planter le drapeau blanc à la mairie et à la préfecture ; mais , dans son abattement, elle n'en repousse pas moins la cocarde blanche. On tire sur un royaliste qui l'avait prise ; il est manqué. Mais quelqu'un qui se trouvait près de lui est tué à sa place (1). La maison d'un citoyen venait d'être décorée d'un drapeau blanc ; il est criblé de cent coups de fusil. L'un de ceux qui les ont tirés , est tué par la maladresse de ses propres camarades. Cependant le lendemain la proclamation de Louis XVIII est faite par le corps municipal. Le peuple l'accueille avec ivresse , malgré la présence des militaires muets , et des urbains glacés d'effroi qui , pour le coup , cèdent à la force des événemens.

C'est cette conduite que le libelliste entend justifier. Il avoue une longue opposition à la reconnaissance du Souverain légitime , et il ne voit là rien de répréhensible ! Ici l'auteur se trahit. Il se

______

(1) Jean Vignolle.

croit encore assis parmi ses collègues dans cette chambre illégale qui avait voulu disposer du trône.

Il dit froidement que le choc des partis était devenu inévitable, c'est-à-dire, que les autorités Nîmoises étaient prêtes à maintenir par la force l'empire de l'usurpateur ; et il oublie que toute résistance au parti du Roi était un crime ; qu'une ordonnance récente commande la poursuite des généraux qui ont comprimé l'élan de la fidélité pour le Roi.

L'armée royale était impatiente de quitter Beaucaire. Tous ces proscrits voulaient revoir leurs familles. Plusieurs transgressent l'ordre qui les retenait ; ils se rendent sans armes à Nismes. Les urbains s'expatrient à leur tour, ne pouvant emporter toutes leurs armes, qui étaient ramassées par des royalistes. Le bruit court qu'ils forment un camp à une lieue, qu'un escadron de chasseurs du 14.ᵉ, sorti la veille de Nismes, plutôt que de prendre la cocarde blanche est parmi eux ; que la Gardonnenque s'ébranle pour les joindre ; qu'ils viendront se saisir des pièces d'artillerie qui sont à la caserne. Des royalistes Nîmois veulent déjouer ce dessein ; ils se présentent à la caserne, ils demandent les canons à la troupe de ligne trop faible pour en répondre. La garnison les refuse ; des altercations s'élèvent ; une fusillade part de la caserne, elle se prolonge. Plusieurs garde-royaux, des passans, une femme, sont tués. Les royalistes courent aux armes ; la caserne est cernée ; on en fait l'attaque qui est suspendue par la nuit. Le tocsin sonne ; des campagnards arrivent ; la garnison capitule et prend la route d'Uzés : sa vue reveille dans tous les esprits la violation du traité de Lapalud , le massacre récent de Montpellier. Ceux qui l'ont combattue , la respectent néanmoins ; mais ceux qui, à la pointe du jour, étaient venus grossir le nombre des assiégeans, oublient une capitulation à laquelle ils n'avaient pas pris part , pour n'écouter que leur indignation ; ils tombent sur des hommes sans défense ; environ dix sont immolés ; quelques-uns sont blessés. Les royalistes qui avaient vaincu cette garnison, courent à sa défense , ils protègent la retraite des uns, ils recueillent les autres chez eux.

Le maire de Nismes fait part de la situation de cette ville aux commissaires royaux ; il leur envoie successivement deux estaffettes pour presser leur arrivée ; ils se rendent à cette invitation. Le libelliste n'ignorait pas cette circonstance, et cependant il se plaint de ce que les commissaires se sont rendus à Nismes, au mépris d'une capitulation militaire. L'armée les suit : elle n'était pas composée , comme on l'a dit, de Marseillais et de Provençaux: quelques gardes de Tarascon et d'Arles s'y étaient mêlés ; mais elle consistait principalement dans la brave jeunesse de Beaucaire , dans ces Nimois , compagnons de Monseigneur le Duc d'Angoulême, et victimes de leur dévouement; dans les habitans des communes exaspérées par les vexations de la garde urbaine de Nismes.

Il était impossible , sur-tout à l'issue d'un combat

meurtrier, que quelques-uns de ces hommes ar-
dens, en présence de leurs persécuteurs, res-
tassent dans les bornes de la modération, qu'il
n'éclatât quelques-uns de ces désordres, regardés
par le peuple comme de justes représailles.

Les demeures des gens qui passent pour avoir
fait plus de mal aux gardes-royaux, quelquefois
même celles de leurs voisins à qui l'on n'en veut
pourtant pas, sont assaillies ; on les saccage. Le
peu de meubles échappés à la destruction, devient
la proie des misérables qui se glissent au milieu
des dévastateurs. Des maisons de campagne su-
bissent le même sort. Quelques-unes mêmes sont
livrées aux flammes ; ce qui est plus déplorable
encore, certains individus sont immolés par le
peuple aux mânes des gardes-royaux qu'on les
accuse d'avoir égorgés (1).

Il n'est pas un seul royaliste modéré, soit dans
l'armée, soit parmi les citoyens ; il n'est pas un des
chefs civil et militaire qui n'aient cherché à arrêter ces attentats, souvent au péril de leur vie. Eh!
qui pourrait assigner le point où la fureur des
esprits se serait arrêtée sans cette utile intervention !

Une garde nationale s'organisa aussitôt. Malheu-

____

(1) Le nombre des personnes immolées est d'environ
dix-huit. Il y a eu dans la ville une douzaine de maisons
saccagées, et à peu près autant où il a été commis des dé-
gats partiels. Le nombre de celles qui ont été dévastées à
la campagne n'est pas bien connu.

reusement les armes manquaient. Les bonaparistes seuls en avaient eu jusqu'alors. Celles qu'ils n'avaient pu emporter, étaient tombées entre les mains du peuple ou des campagnards qui avaient fait chez eux des visites dans cette intention.

On cherche vainement la cause des emportemens du peuple, ailleurs que dans un système d'oppression inouïe. On a voulu faire méconnaître ce caractère de réaction, et persuader qu'il s'agissait d'une guerre faite par les catholiques aux protestans. Fable absurde et révoltante! Parmi ceux que le peuple a mis à mort, on compte des catholiques. La dévastation a eu lieu dans des maisons catholiques comme chez des protestans. Elle a même commencé par la maison d'un catholique. En un mot, la différence de religion n'a pas inspiré le moindre acte de violence. Si les protestans ont principalement souffert, c'est qu'ils étaient presque tous bonapartistes, et que de leur sein était sorti le plus grand nombre des hommes qui avaient commis tant d'atrocités. L'exemple de M. Vincens-Mourgues, uniquement victime d'une similitude de nom, d'un voisinage dangereux, ne détruit pas cette vérité. On est persuadé qu'il n'est pas le seul exempt de reproches parmi ceux qui ont souffert. Mais s'ensuit-il de ces exceptions que le peuple n'ait pas entendu poursuivre ses ennemis dans les personnes sur lesquelles sa colère est tombée ? S'ensuit-il que le mal qu'il a fait, n'ait point été ainsi le résultat de celui qu'on lui avait fait ? que ses persécuteurs ne doivent point être regardés comme les véritables auteurs des désordres auxquels il s'est livré ?

On a osé accuser les autorités royales d'avoir secrètement présidé à la réaction. Si les magistrats auxquels s'adresse cette calomnie avaient besoin d'y répondre, il leur suffirait d'en appeler à la reconnaissance de ceux qui les ont vus voler au secours de leurs propriétés attaquées se précipiter au milieu des baïonnettes, souvent tournées contre leur propre sein, et quelquefois réussir à conjurer la tempête.

S'il n'eût pas existé de commission extraordinaire, dit avec audace le libelliste, *l'autorité du Roi aurait été reconnue sans secousse.*

Maintenant ce n'est plus la commission qu'on attaque ; c'est le Roi lui-même, et dans la mesure la plus indispensable, la plus salutaire, dans celle qui devait accélérer la délivrance de ses sujets.

Veut-on savoir pourquoi cette mesure est censurée ? C'est précisément parce qu'elle a réussi dans son objet, qu'elle a procuré cette prompte délivrance. La commission a déjoué un grand projet : elle est devenue le point de ralliement des royalistes ; elle a imprimé une utile régularité aux mouvemens qui ont eu lieu dans la Lozère et dans le Gard. Par là les révoltés de Nismes et des Cevennes n'ont plus communiqué avec les armées des Alpes et de la Loire, et le bas-Languedoc n'a pu devenir le théâtre d'une *vendée patriotique* qui aurait eu des ramifications si étendues.

Il fallait prévoir, dit-on, les emportemens de cette armée qu'on laissa arriver à Nismes.

On a vu que le Maire de Nismes avait lui-même pressé cette arrivée. Mais d'ailleurs, la commission a-t-elle manqué de prévoyance, lorsqu'elle avertissait les rebelles de ne pas accroître le mécontentement des esprits par une résistance insensée aux ordres du Roi? lorsqu'elle les invitait à épurer la garde urbaine, à donner des armes à cette classe de citoyens honnêtes, laissée depuis si long-temps à l'écart à cause de ses opinions, et qui, après la fuite des urbains, n'aurait pas été dans l'impuissance de maintenir l'ordre, si l'on eût suivi ce conseil?

Ah! l'imprévoyance a été toute du côté de ceux qui la reprochent. Elle a été dans ceux qui ont trahi leur devoir, leurs sermens; qui ont quitté le meilleur des rois pour s'attacher au plus fourbe des imposteurs; qui ont violé la plus sainte des conventions; qui ont persécuté, dépouillé, assassiné des hommes dont tout le crime était d'avoir répandu leur sang pour la cause du Roi, pour la vraie indépendance de la Patrie; qui ont voué leurs familles à la misère; qui les ont forcés à errer dans les bois, dans les marais; qui ont puni par le pillage, par l'emprisonnement, par le meurtre, les communes environnantes de l'hospitalité accordée à ces malheureux.

Et l'on s'étonne que quelques-uns de ceux qui furent ainsi traités n'aient pas eu une vertu plus qu'humaine pour remettre tant d'injures! que leurs chefs n'aient pas été maîtres de modérer tout-à-fait leur ressentiment !

Dites-nous, vous qui voulez rendre ces chefs responsables des maux qu'il leur a été si impossible de prévenir ; vous que pourtant l'opinion publique signala toujours comme un des *grands meneurs* de votre parti ; dites-nous, puisque vous n'avez pas craint de réveiller le souvenir de la terrible catastrophe de 1790, l'usage que les patriotes firent de la *puissance qui leur resta* en cette occasion ; dites-nous si ceux qui s'étaient mis à leur tête, les encourageaient aux abus de la victoire, s'ils ordonnèrent le pillage, la dévastation des maisons particulières, des édifices publics ? s'ils dirigèrent et l'invasion des couvens et le massacre des religieux, et les exécutions sur les royalistes sans défense, qu'on allait arracher aux bras de leurs femmes, et la chasse aux paysans qui fuyaient dans la campagne (1) ?

____

(1) A Dieu ne plaise que ce tableau ait été amené par des idées de récrimination, qu'on veuille justifier des crimes récens par des crimes anciens qui étaient d'ailleurs oubliés, et dont l'imprudent libelliste a seul rappelé le souvenir. Mais on a voulu prouver que si les uns furent commis sans l'impulsion d'aucun fanatisme religieux, les autres, venus après un long cours de persécutions, ont bien pu se commettre aussi sans la même impulsion. On a voulu prouver qu'il est possible d'être à la tête d'une multitude qui se laisse emporter à des excès, sans devoir pour cela être accusé de les favoriser.

Pour s'assurer de la justesse de l'opposition, on n'a qu'à consulter le rapport de M. d'Alquier, dont il a été question

Ainsi , votre écrit joint la maladresse au mensonge , à la calomnie.

Quel a donc été son but ? d'appeler la sollicitude du Gouvernement sur la situation de notre malheureuse Patrie ? Ah ! nous joindrions nos efforts aux vôtres , si nous pensions que le Roi, si attentif aux besoins de ses sujets, n'eût pas déjà ordonné les mesures propres à ramener parmi nous cette paix dont nous jouirions encore , sans les attentats de votre parti.

Le seul but de cet écrit , qui serait autrement d'une impolitique extrême, c'est, nous l'avons déjà dit , d'égarer l'opinion publique et celle de Sa Majesté sur la vraie cause de nos troubles ; c'est de faire rétablir les bonapartistes de Nismes dans leur domination accoutumée , en les montrant à un Roi humain, à la France éclairée, comme les victimes d'une guerre religieuse, tactique inverse

---

plus haut. Au tableau des divers massacres, de la dévastation et du pillage des maisons religieuses et de certaines maisons particulières, il ajoute, pag. 63 : « De tous côtés, il arrivait » à Nismes des légionnaires étrangers qui se livrèrent aux » plus grands excès. Les citoyens *soupçonnés* d'avoir pris parti » la *veille* étaient recherchés et massacrés. Sous prétexte de » fouiller les maisons suspectes pour enlever les armes, on » pillait, on dévastait. Ce qui ne pouvait être enlevé, était » brisé. Page 64 : « Les meurtres et les pillages conti- » nuèrent (le lendemain, c'est-à-dire, deux jours après la » défaite du parti royaliste), et les citoyens qui échappaient » à la mort étaient traînés sanglans à l'Hôtel-de-ville, et » entassés dans les prisons ; quand la garde nationale de » Montpellier arriva, cette troupe, bien plus *disciplinée* que » les autres, fit cesser les dévastations et les meurtres, ».

de celle qu'ils suivirent jusqu'ici. Triomphans pendant vingt - cinq années, ils n'avaient cessé de paraître sous le voile tricolor, de publier que nos troubles n'avaient qu'une cause politique; et aujourd'hui que ces agitateurs sont vaincus, qu'ils éprouvent l'effet d'une réaction inévitable, ce n'est plus l'issue d'une lutte opiniâtre entre les ennemis du trône et ses serviteurs fidèles; c'est le résultat affreux d'une querelle de religion. Ce ne sont plus les partisans de l'anarchie, les sectateurs de la république, les complices du Corse, qu'on a éloignés des emplois dont ils avaient tant abusés, qu'on a réduits à une impuissance désespérante; ce sont des citoyens qui, différant des autres dans la manière d'adorer Dieu, se trouvent en butte à une persécution injuste; enfin, ce sont des protestans succombant sous le fanatisme des catholiques. N'en doutons pas : on n'a pris ce travestissement que parce que, dans ce siècle de lumières, tout ce qui rappelle l'idée du fanatisme religieux, prend aux yeux des hommes un caractère d'atrocité révoltant contre ses auteurs.

Mais un fils de France a vu de près la cause réelle de nos discordes civiles. Le Roi l'a apprise par les dépositaires de son autorité. La France ne saurait être abusée, et les artisans de troubles, de bouleversemens, les amis des prétendues idées libérales sont descendus pour toujours dans le néant politique.

C. R.

A NISMES, CHEZ J. B. GUIBERT, IMPRIMEUR DU ROI.

CATHOLIQUE

RÉPUBLICAIN

PAR

L'ABBÉ A***

A

Messieurs de la majorité de la Chambre législative

à Versailles.

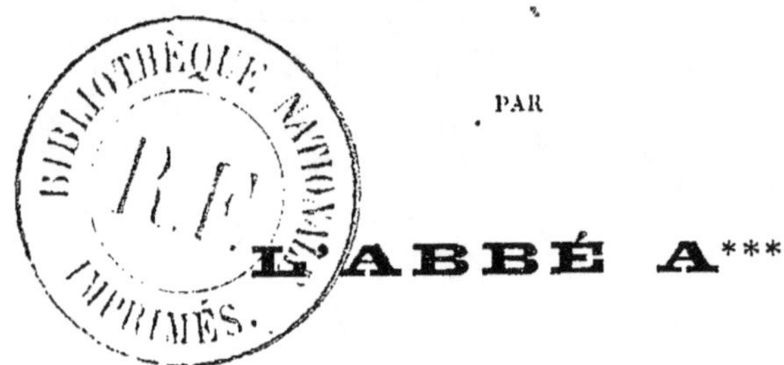

PARIS

LIBRAIRIE GÉNÉRALE

Dépôt central des Éditeurs

BOULEVARD HAUSSMANN, 72, ET RUE DU HAVRE

1878

Tous droits réservés.

CATHOLIQUE

RÉPUBLICAIN

*A Messieurs de la majorité de la Chambre législative
à Versailles.*

Messieurs les Députés,

Vous avez enfin la victoire, non pas une victoire de tournoi, mais une victoire *vraie*. — Car il y a eu positions de combat, marches combinées, engagements de toutes pièces et de toutes réserves, assauts désespérés.... chacun a fait ce qu'il a pu, tout ce qu'il a pu. — Votre triomphe est bien décisif cette fois : mes sincères compliments!

A présent, *væ victis!* — C'est juste. — Place à la loi du plus fort! Il n'y en a pas d'autre, à ce qu'il paraît, pour régler les choses d'ici-bas.

Cependant, Messieurs, je vois bien les vainqueurs. — C'est vous. Mais où sont donc les vaincus? Cette question est importante. Car si le voisinage des moulins à vent peut faire perdre du temps pendant la bataille, il n'est pas moins nécessaire de les éviter après la victoire. La république a vaincu, c'est incontestable; mais

QUI AVEZ-VOUS VAINCU ?

Est-ce la *légitimité*, cette douairière errante qui, pourtant, ne paraissait guère d'humeur belliqueuse, depuis le jour où

elle s'est majestueusement drapée dans son *linceul blanc?*
C'est possible. Est-ce l'*orléanisme,* ce vieil enfant prodigue qui,
l'autre jour, retourna chez son père, croyant recueillir une
succession, et qui, à force d'évocations, aurait peut-être
consenti à secouer, une fois ou autre, le malencontreux
suaire paternel qu'on lui a si désobligeamment jeté sur les
épaules? C'est possible encore. Est-ce le *bonapartisme,* ce
bâtard revenant qui a tous les défauts de sa mère, — chacun
a les siens, — sans en avoir les qualités? C'est toujours
possible. Mais, à coup sûr, votre *vaincu,* ce n'est pas ce que
vous appelez.

LE CLÉRICALISME.

Pourquoi dans cette lutte, dans cette défaite, le *cléricalisme* n'est-il pas le vaincu? Par la raison toute simple qu'il
n'a jamais été *combattant.* Vous vous récriez, je le sens;
mais veuillez prendre patience; j'espère que vous serez,
dans un moment, beaucoup plus de mon avis que vous ne
le paraissez maintenant. Et d'abord, comme rien n'entrave
une discussion autant que l'*équivoque,* permettez que je
commence par en écarter une énorme qui se présente à nous
dès le premier pas.

Ce mot de *cléricalisme,* que je vous ai pris sur les lèvres,
est d'un vague désespérant. Son élasticité, son amphibologie
sont telles, que tout ce que nous pourrions réunir autour
de ce caméléon insaisissable ne serait bientôt qu'une longue
divagation, aussi inintelligible pour vous que pour moi.
Sait-on au juste, ou même par à-peu-près, ce que l'on veut
dire, quand on applique à quelqu'un, en argot moderne,
la qualification de *jésuite?* Eh bien, pour moi, le mot
clérical ressemble au mot *jésuite,* comme une sottise ressemble à une ineptie. Expliquons-nous donc d'abord sur la
chose, et puis, avec votre permission, nous laisserons le

mot de côté. Vous ne le regretterez pas, je l'espère; car il exhale déjà son petit fumet injurieux, très-peu fait pour flatter le goût des gens comme il faut.

Lorsque j'ai dit que le cléricalisme ne vous a jamais fait la guerre, j'ai voulu parler de la sainte, de la pure, de l'inaltérable religion de Jésus-Christ, du *catholicisme*. — Y a-t-il, de par le monde, des gens qui, se couvrant hypocritement du manteau de notre foi, veulent à l'ombre de son étendard pacifique, asseoir l'orgueilleux monument de leurs humaines convoitises? C'est ce que je ne veux point chercher à savoir. Qu'il me suffise de dire que, si de tels hommes existent, nous les renions; ils n'ont jamais été des nôtres. Je n'ai donc pas à m'en occuper autrement que pour vous demander, si ce serait par hasard à eux, que vous entendez appliquer le nom de *clérical* dont il s'agissait tout à l'heure. Car, dans ce cas, je ne m'opposerais pas absolument à ce que vous le conserviez dans votre vocabulaire, à la condition, toutefois, qu'il leur soit exclusivement attribué par pure antiphrase, et à l'effet de distinguer les *faux* cléricaux de *véritables*, que nous appellerons désormais simplement *catholiques*. Je répète donc, et cette fois, en termes corrects et intelligibles pour tous :

LE CATHOLICISME N'A JAMAIS COMBATTU LA RÉPUBLIQUE.

Ceci, Messieurs, a tout l'air pour vous d'une immense contre-vérité. Cependant, comme vous savez fort bien que la vérité aime quelquefois à se cacher sous une enveloppe en apparence mensongère, vous vous garderez bien de rejeter, sans l'examiner, cette proposition qui vous paraît étrange et que, pour le moment, je vous permets d'appeler paradoxale. Ce n'est pas que je me sente l'envie d'entasser beaucoup d'arguments pour prouver ce que j'avance. Comme nous avons à nous mouvoir, presque continuellement, dans le domaine des faits, la dialectique n'a que faire en cette matière. Mon intention est uniquement de faire un appel à votre sens calme et impartial. A tort ou à raison, vous vous croyez nos adversaires : eh bien, moi ici, je vous prends pour arbitres du différend. — Écoutez et jugez.

Comment le *catholicisme* aurait-il fait la guerre à la République ? Mais il ne l'a jamais faite à personne. Depuis les proconsuls de la Rome antique, qui sont déjà loin, jusqu'au vainqueur de la Rome moderne qui vient de passer aussi ; depuis saint Pierre jusqu'à Léon XIII, je vous défie de trouver sur lui d'autres armes que celles qui ont été enfoncées dans son cœur par les attaques successives du paganisme, de l'hérésie et de l'impiété. Ses armes à lui, c'est la *croix*, c'est la *patience*, c'est le martyre ! ... Il est vrai qu'avec cela il a vaincu le monde. Et vous vous garderez bien, je le sais, de lui reprocher cette victoire. C'est la seule qui ait profité aux vaincus.

La guerre..... qui est-ce donc qui nous l'aurait enseignée ? Le pauvre supplicié du Calvaire ? — Un jour, un ami voulut tirer l'épée pour lui contre des assassins....

Remettez le glaive à sa place, dit sévèrement le maître. — Et on vit la victime soigner et guérir le bourreau..... Et sur le sommet du Golgotha.... Mais je m'égare.

Excusez-moi, Messieurs, j'oubliais que je parle à des chrétiens. C'est peu généreux, de ma part, j'en conviens, de vous supposer mes adversaires en pareille cause. Evidemment, ce point est hors de conteste : jamais vous n'avez prétendu que le catholicisme ait aspiré à dominer par la force physique. Comme moi, vous lui reconnaissez le droit, qui appartient à tout le monde, d'employer la persuasion pour amener les hommes à ce qu'il sait être la vérité ; mais vous avouez en même temps que là s'est bornée son action. Seulement, si je vous comprends bien, c'est au sujet de l'exercice de ce droit que vous prétendez avoir à vous plaindre de lui.

Cette force de persuasion sur les masses, le catholicisme l'aurait employée, d'après vous, à vous battre en brèche, vous, les élus du suffrage universel, vous, la haute expression de la volonté nationale, vous, les défenseurs attitrés des libertés immortelles conquises au prix du sang de vos pères de 89. Le catholicisme enfin répudie la République : il a cherché à empêcher son établissement ; il cherchera à entraver son affermissement.— C'est là votre acte d'accusation ; c'est là son crime. Cette fois, nous nous entendrons bien : la question est posée carrément de votre part. Ma réponse ne sera pas moins explicite : car je soutiens précisément la contradictoire. Non,

LE CATHOLICISME NE RÉPUDIE PAS LA RÉPUBLIQUE

Non, il ne cherchera à entraver en rien son paisible affermissement.

Si cette manière de présenter ma thèse a le mérite de rendre la question à résoudre claire et exempte d'équivoque, je reconnais sans peine qu'elle la rend par cela même d'autant plus scabreuse. Je m'étais déjà aperçu que je m'engageais sur un terrain dangereux ; mais ici je dois forcer la métaphore, pour exprimer ma position critique, et déclarer que ma plume va avoir à courir de rudes bordées, entre Charybde et Scylla. Vais-je contenter tout le monde ? Je ne puis ni ne veux y prétendre. Si, du moins, je parvenais à ne pas me faire fustiger par ceux-là même dont je veux ici défendre les intérêts !...

Au fait, je ne dois pas m'arrêter devant pareille incertitude. Je n'ai été payé par personne pour dire ce que j'ai à dire ; par conséquent, je n'entraîne la responsabilité d'âme qui vive. Par ce temps de suffrage universel qui court, il est bien permis à un citoyen, fût-il catholique, fût-il même prêtre, de dire honnêtement sa façon de penser. S'il se trompe, eh bien, ça ne sera jamais que *un* : et à chacun de ceux qui se croiront obligés de le désapprouver, il restera toujours la consolation de dire : *Il a tort, mais moi, du moins, j'ai raison.*

Je sens pourtant le besoin de m'enhardir moi-même contre l'éventualité d'une querelle de famille ; et pour cela je ne trouve rien de mieux que de répéter, en les accentuant, les termes de ma proposition. — *Le catholicisme ne répudie pas la République, parce qu'il n'est pas incompatible avec elle.*

S'il y avait incompatibilité entre la République et le catholicisme, c'est, sans doute, parce que celui-ci serait essentiellement lié à telle ou telle forme de gouvernement. Or rien n'est plus faux. Tout au contraire, l'essence du catholicisme, comme du reste de toute religion, consiste dans son indépendance absolue de tout système politique. Le mot religion, — *religare*, — l'indique assez. C'est comme un lien mystique qui tient unis, vers un but surnaturel, des hommes séparés par des intérêts terrestres. C'est une zone neutre où les adversaires, dépouillant leurs préoccupations du moment, se tendent amicalement la main. Là, ils ne se souviennent plus que de leur commune origine et de leur commune destinée : aussi ils prient le même Dieu.. ils aiment le même Père........

Tel est le catholicisme, tel l'a fait son divin fondateur. Quand ce grand architecte a jeté les premières assises de son Église qui devait abriter toutes les nations, il n'a nullement considéré s'il bâtissait sur les terres du césarisme, de la démocratie ou du parlementarisme. Bien plus, il a ordonné à ceux qu'il laissait pour continuer son œuvre de ne jamais s'inquiéter d'un pareil souci, de rendre joyeuse obéissance à leurs supérieurs temporels, sans distinction d'aucune sorte, même quand ils n'auraient pas leurs pré-

férences et leur sympathie. Il n'a excepté qu'un seul cas :
celui ou ce supérieur temporel, se substituant au maître
du ciel et de la terre, tenterait de porter une main sacrilége sur le code divin, devant lequel les plus grands
potentats de la terre ne dépassent pas le niveau du plus
humble de leurs sujets. Et encore, dans ce cas unique,
notre doux législateur nous a rigoureusement enjoint de
nous renfermer dans les limites d'une résistance absolument passive, absolument individuelle. Voilà pourquoi, les
disciples du Christ savent souffrir, savent mourir ; mais
conspirer, mais se révolter, jamais !

POURQUOI CONSPIRERIONS-NOUS ?

Pourquoi nous révolterions-nous ?... Est-ce que nous avons
ici-bas quelque chose à défendre ? Comme Français nous
saurons, quand il le faudra, mourir pour la patrie ; mais,
comme chrétiens, nous ne le pouvons pas : Car *nous n'avons
pas de vraie patrie sur la terre....* Un jour, durant la vie
mortelle du Rédempteur, quelques-uns de ses disciples lui
demandèrent s'ils étaient obligés de payer le tribut à César. —
Il y avait, à ce qu'il paraît, un César, et qui pis est, c'était
un césar du dehors. — Ces pauvres disciples, hommes gros-
siers et imbus des idées terrestres partagées par la généralité
des Juifs au sujet de la royauté du Messie, s'imaginaient que,
le roi du ciel étant venu, les rois de la terre avaient désormais
perdu tous leurs droits. *Rendez à César ce qui est à César.*
Telle fut la réponse du Maître. Et, joignant l'exemple à la
parole, Dieu paya le tribut à César. — Voyez-vous, ajoutait
Jésus-Christ pour achever de les tirer de l'illusion,

MON ROYAUME N'EST PAS DE CE MONDE

Ah ! pour le coup, voilà qui est bien dit ! me répondez-vous tous ensemble. Le royaume de Dieu n'est pas de ce monde.... Quel magnifique langage ! Qu'elle serait belle cette religion du Christ, si elle était bien comprise ! Dans le plan du divin fondateur en effet, l'Église devait marcher à travers les hommes, à travers les siècles, pour ainsi dire, sans les toucher. Chargée d'une mission exclusivement spirituelle, elle n'avait à s'occuper que d'affaires spirituelles, laissant au pouvoir civil le soin de régler les intérêts matériels et terrestres. De sorte qu'on peut dire que, dans l'idée de Dieu, la marche de ces deux pouvoirs devait ressembler au prolongement indéfini de deux lignes parallèles, conduisant, sans jamais se toucher, l'une les âmes, l'autre les corps, à cette commune destinée, qui est à la fois une fin et un commencement. C'est ainsi que nous apparaît la sublime religion du *Dieu qui règne dans le ciel.* C'est ainsi que nous l'aimons....

On est heureux, Messieurs, de vous voir vous faire les apologistes de notre Foi. Ce que vous venez de dire fait honneur à vos sentiments de chrétiens. Pour ma part, j'y vois une si bonne intention, que je vais bien me garder de relever le côté par où cloche votre comparaison. Je la goûte même assez, en tant que comparaison, et pour ce motif, je veux vous la laisser tout entière, et sans l'amendement qu'elle comporterait. Laissez-moi donc profiter du moment où nous nous trouvons à peu près d'accord, pour vous dire combien j'espère, que toute votre admiration ne va pas s'épuiser devant cette belle parole de Jésus-Christ : *Mon royaume n'est pas de ce monde.* Il en a dit bien d'autres, notre divin Sauveur, qui ne sont pas moins admirables, moins dignes de respect et, qu'assurément, vous admirerez, vous respecterez comme celle-là.

Mais avant d'aller plus loin, permettez, Messieurs, que nous nous donnions acte mutuellement des concessions réciproques que nous nous sommes faites jusqu'ici. C'est peut-être superflu pour vos esprits exercés aux grandes vues et aux considérations de longue haleine ; mais le mien, peu habitué à embrasser des horizons étendus, a besoin de s'orienter à toute heure, sur ce chemin qui pourrait devenir pour lui un labyrinthe : ma mémoire est celle d'un pauvre petit marchand ambulant qui, ne sachant pas écrire, doit cent fois par jour faire sa caisse sur ses doigts.

Si je ne me trompe, il reste acquis dans notre discussion que le christianisme, dans son principe et dans son institution, ne faisant acception d'aucun régime politique,

LE CATHOLICISME PEUT S'ACCOMMODER DE LA RÉPUBLIQUE.

Voilà, comme disent les légistes, la question de *droit* réglée, et réglée à notre commune satisfaction. La question de *fait* va soulever, peut-être, plus de difficultés. Cependant, j'ai idée que, si nous continuons à apporter à ce paisible débat chacun sa quote part de bonne volonté et de modération, nous finirons par nous entendre. Nous ne deviendrons pas, si vous le voulez, tout d'abord, de chauds amis, mais nous apprendrons à nous respecter mutuellement, en loyaux adversaires. Le double amour de la vérité et de la paix nous inspirant, nous serons ainsi conduits à examiner sérieusement si les griefs qui nous divisent ne seraient pas de regrettables malentendus.

Selon vous, le catholicisme, parfait, divin à son point de départ, aurait dévié de la ligne à lui tracée par son auteur. Primitivement haussé sur un piédestal qui le faisait planer au-dessus de la sphère où s'agitent les bas intérêts de la matière, il serait, de lui-même, descendu de ces régions célestes pour venir lutter dans l'arène des passions humaines. Ou plutôt, ce n'est pas le catholicisme qui serait descendu, mais bien les catholiques ; ce n'est pas Dieu qui aurait failli, mais les hommes. C'est ainsi que, renonçant aux immunités et priviléges de leur noble origine qui les rendaient inviolables, les fils du Ciel se seraient faits enfants de la terre pour courir les chances d'une lutte vulgaire et inutile contre des adversaires roturiers. Ceux-ci désormais, dispensés de respecter un agresseur qui forligne et ne se respecte pas lui-même, auraient complaisamment inscrit ce nouveau champion, aspirant à descendre, sur la liste déjà grosse des *partis politiques*, sous la rubrique dédaigneuse de *cléricalisme*.

Je ne sais, Messieurs, si j'aurai le bonheur de répondre victorieusement à tous les reproches que vous avez à nous faire : mais je crois, au moins, pouvoir me flatter de les avoir formulés franchement, et sans chercher à en adoucir les termes ou à en atténuer la portée. Cette manière de procéder pourrait bien m'être fatale ; car, de la sorte, je risque de me laisser entraîner et de m'égarer dans les innombrables dédales que déroulent devant moi vos pressantes objections. Heureusement que danger signalé est facilement évité. Je m'inquiéterai donc peu de savoir si je laisse, sans les examiner, un certain nombre de faces de cette question multiple. Mon but, je ne puis l'oublier, mon unique but est de vous faire voir, que vous vous trompez quand vous dites :

LE CATHOLICISME EST UN PARTI POLITIQUE.

Cette imputation, vous l'appuyez naturellement sur des faits, vrais ou imaginaires : pour la détruire, je n'aurais, ce semble, en bonne logique, d'autre moyen, que de chercher à contester les faits par vous allégués, ou à les infirmer par d'autres faits contradictoires. Et cependant, la question est ici de telle nature que, contrairement aux règles ordinaires, qui défendent d'argumenter contre les faits, je puis vous prouver votre erreur par un argument *a priori*. — Je le soumets à votre appréciation, en vous promettant de ne pas revenir à cette forme aride de conversation.

Le catholicisme est divin à son origine : vous l'avez dit en beaucoup meilleurs termes que moi. Il a été fait essentiellement spirituel et placé en dehors des influences de ce monde ; de telle sorte, que si jamais il venait à tomber au niveau d'une institution humaine, il perdrait sa vitalité et ne serait plus propre à la fin pour laquelle Dieu l'a fondé. D'un autre côté, en établissant son Église, Dieu l'a faite immortelle. Elle doit durer tant qu'il y aura des hommes à racheter, c'est-à-dire *jusqu'à la consommation des siècles*. Rien ne peut *prévaloir contre elle*, ni l'erreur, ni *les puissances de l'enfer*. — Tout cela est parole de Dieu, ni plus ni moins que le fameux : *Mon royaume n'est pas de ce monde*. — Donc, de deux choses l'une : ou le maître s'est trompé quand il a dit que son Église ne faillira jamais, ou il n'est pas vrai, comme vous le dites, que le catholicisme ait dévié du plan divin. Or, il aurait dévié, s'il était en ce moment un *parti politique :* donc, *a priori*, cela est démontré impossible.

Et, en effet, qui oserait admettre que cette Église, bâtie sur le roc inébranlable de la parole de Dieu, ayant reçu pour mission de conduire à leur héritage éternel les hommes rachetés par un sang divin, puisse succomber, comme une œuvre vulgaire, à un point quelconque de sa marche providentielle ? Enfants de l'Église immortelle, jamais vous ne découvrirez assez de taches sur le front de votre mère pour qu'il vous soit permis de vous demander si elle a cessé d'être l'épouse fidèle et immaculée de votre Père du ciel !!!...

Cependant, me direz-vous, on ne peut pas nier que, depuis longtemps, le catholicisme ne fasse montre, à l'égard dès institutions républicaines, d'une hostilité, des plus acerbes ; de telle sorte que *Républicain* et *Catholique* paraissent désormais deux mots qui s'excluent l'un l'autre. — Ici prennent fin les préliminaires : nous entrons de plain-pied dans

LE VIF DE LA QUESTION.

Je vous y suis bien volontiers, et, sans plus de retard, je saisis la proposition que vous venez de formuler pour vous faire observer qu'il ne saurait y avoir excessivement longtemps que cette hostilité existe, puisque hostilité il y a. Car nous ne touchons pas encore à l'an *cent* de la République, et nous avons déjà dix-huit siècles d'existence. Mais je ne veux pas chicaner avec vous : d'autant plus qu'en appesantissant sur cette question de chronologie, je pourrais peut-être réveiller quelque réminiscence d'une certaine fable de la Fontaine. Et certes, comme je me soucie fort peu de réclamer pour mon client le rôle du *Loup*, qui lui appartiendrait, pour raison d'âge, je n'insisterai pas pour faire remarquer à *l'agneau qui tette encore sa mère* qu'il aurait tort de se plaindre de ce qui s'est fait *l'an passé*.

Cette réserve faite au sujet de la proposition ci-dessus, je n'éprouve aucune peine à la laisser passer sous la forme modifiée que voici : *Depuis l'apparition de la République en France, il s'est établi entre elle et l'Église catholique un antagonisme tellement tranché, que les mots Républicain et Catholique paraissent s'exclure l'un l'autre.* — Mais qu'est-ce à dire ? Que le catholicisme est l'ennemi né de la République ? que celui-là cherche à éliminer celle-ci, précisément parce qu'elle s'appelle République ?... Pourquoi ne serait-ce pas aussi bien que la République est l'ennemie née du catholicisme et qu'elle cherche à l'annihiler ? Cette conclusion est tout aussi légitime que la première. Mais, croyez-moi, ne tirons ni l'une ni l'autre : elles sont peut-être toutes les deux fausses. Du reste, en raisonnant ainsi, chacun de son côté, nous ne parviendrions qu'à décrire une infinité de cercles plus vicieux les uns que les autres, et je crois que des gens raisonnables ont quelque chose de mieux à faire. Cherchons, par exemple, d'où peut provenir cet antagonisme qui n'est que trop réel. Bien sûr, il y a là-dessous quelque malentendu : réunissons nos efforts pour souffler, une fois pour toutes, sur ce perpétuel brouillon des affaires privées et publiques.

LE CATHOLICISME N'AIME PAS LA RÉPUBLIQUE.

Inutile de le nier. — Pourquoi ne l'aime-t-il pas ? Ce n'est pas assurément parce qu'elle s'appelle République et que son mode de gouverner diffère de celui des autres. Pourquoi alors ? — Je vais vous le dire franchement.

Il est de fait notoire que, toutes les fois que la démocratie a eu le dessus en France et est parvenue à prendre la direction des affaires, l'Église catholique a toujours eu à souffrir. Pour une raison ou pour une autre, l'avénement de la République a toujours coïncidé avec une commotion religieuse. Là est tout le mystère ! Que voulez-vous ? sans être précisément superstitieux, on peut parfois se laisser aller à subir l'influence du sophisme : *Post hoc, ergo propter hoc.* Toutes les fois qu'un tel homme s'approche de vous, vous éprouvez sur vos épaules l'impression très-caractéristique d'un coup de bâton : vous serez bien pardonnable, je l'espère, si la figure de cet homme ne vous est pas des plus sympathiques, et si, à son approche, vous sentez instinctivement le besoin de vous abriter.

Notez que j'ai parlé simplement de coïncidence : je n'ai pas dit que la République ait frappé le catholicisme. J'ai dit et je répète :

LE CATHOLICISME A ÉTÉ FRAPPÉ SOUS LA RÉPUBLIQUE.

C'est un fait que je constate, rien de plus : et de ce fait, j'espère que vous ne me demanderez pas des preuves qui seraient aussi désagréables à ma plume qu'à vos oreilles. C'est déjà trop d'avoir soulevé, dans le passé, le coin d'un sombre voile de douleur....

Loin de moi, Messieurs, la pensée de vouloir envenimer un débat dans lequel, je vous le jure, mon unique intention est de porter tout l'apaisement possible. Il m'aurait donc bien mal compris celui qui s'imaginerait que je viens faire un procès à la République, en la rendant responsable du mal qui a été fait à la religion sous ses différents règnes. Je déclare, au contraire, qu'après avoir examiné le plus attentivement que j'ai pu le vrai programme de ce parti politique, je n'ai trouvé nulle part qu'il se proposât d'affranchir son peuple de ce grand lien social, qui, seul, rend les hommes gouvernables : la religion. J'ai même appris, par une expérience personnelle, qu'il y a dans vos rangs, et en grand nombre, des gens qui aiment et pratiquent les vertus évangéliques aussi bien que certaines personnalités bruyantes qui affectent de se parer orgueilleusement des livrées du cléricalisme et revendiquent le droit exclusif de décerner des brevets d'orthodoxie.

Mais là n'est pas toute la vérité. S'il est vrai qu'à son sommet, la démocratie renferme assez d'honnêteté, assez de prudence, assez de sens politique pour respecter la chose la plus respectable du monde, il est aussi malheureusement trop prouvé que, dans ses couches inférieures, cette même démocratie contient je ne sais quel levain funeste qui, à un moment donné, soulève les masses comme les flots d'une mer en furie et les précipite, inconscientes, contre les marches de l'autel naguère vénéré. Qui est responsable de ces excès ? Il ne faut peut-être s'en prendre qu'à la perversité

de l'humaine nature, qui abuse des meilleurs choses, surtout
de la liberté. Toujours est-il, qu'en face de ce phénomène,
gênant pour vous, et redoutable pour nous, celui-là serait
déraisonnable qui s'offenserait de voir le catholicisme regarder
avec un œil de défiance l'avènement d'un régime politique
qui lui a toujours été si funeste. L'instinct de la conservation
est aussi naturel aux sociétés qu'aux individus.

Sans doute, vous empressez-vous de répondre, ces excès
du temps passé auxquels vous faites allusion sont déplorables :
nous les condamnons, nous les flétrissons autant que personne au monde. Mais ne serait-il pas possible de montrer
qu'ils étaient, sinon légitimés, du moins rendus excusables
par les provocations des prétendues victimes ? Soutiendriez-
vous par exemple qu'il n'y ait pas eu aussi

LES ABUS, LES EXCÈS DE L'ANCIEN RÉGIME ?

abus et excès tolérés sinon fomentés et nourris par la
religion ?......

Oh ! de grâce, Messieurs, ne me ramenez pas sur le terrain
brûlant des récriminations ! Je crois l'avoir évité jusqu'à ce
moment, il me répugnerait beaucoup de m'y sentir rejeté.
Ah ! la question des responsabilités !..... elle est si difficile
à débattre parmi les hommes, même les plus modérés ! Voyez
plutôt... Quand un grand désastre s'est répandu, comme un
voile de mort, sur une grande nation..... essayez de trouver un coupable : vous ne rencontrerez que des accusateurs !
C'est que l'homme, de sa nature menteur, ment surtout quand
il s'agit d'avouer une faute : c'est toujours le voisin, l'adver-
saire qui est le coupable. Ne cherchons donc pas la vérité
là où nous savons qu'elle ne peut être trouvée.

Du reste, à quoi nous servirait, dans la question présente,
le pénible labeur d'une répartition de charges ? Tout au plus

à constater plus fortement encore le fait irrécusable qui constitue toute ma thèse. Et ce fait, que perdez-vous à le reconnaître avec moi ? en quoi votre cause sera-t-elle compromise, quand vous m'aurez accordé, ce que vous ne pouvez pas convenablement me nier, à savoir : que chaque apparition de la République en France a coïncidé avec un certain malaise pour le catholicisme ? Moi, je ne prétends tirer de là que l'explication toute naturelle de la défiance dont nous avons parlé plus haut.

Pour vous, vous avez infiniment mieux à faire : c'est de répéter, à cet endroit, une parole que vous avez plus d'une fois murmurée du bout des lèvres, en écoutant l'ennuyeux discours que je vous débite.

QUI SONGE A VOUS PERSÉCUTER ?

me disiez-vous, ce me semble tout à l'heure. Cette religion dont vous vous faites beaux, n'est-elle pas aussi la nôtre ? Nous la respectons, nous l'aimons autant et mieux peut-être que ceux qui font profession de la défendre de nos coups. Vous parliez tantôt de moulins à vent : prenez garde vous-même, de courir contre nous la ridicule aventure de don Quichotte. Grâces à Dieu, nous ne sommes pas des mécréants... Qu'on touche à cette arche sainte, à cette religion de nos pères et de nos enfants, et vous verrez si les républicains ne savent pas être, quand il le faut, des chrétiens...

Merci ! Messieurs. Cette déclaration nous fait du bien : elle nous rassure. Car, voyez-vous, pourquoi vous le cacher ? nous commencions à avoir peur ; non pas cette peur qui agite les muscles du corps et fait les âmes pusillanimes, — les disciples du Christ ne l'ont jamais connue. — Notre peur était cette émotion dont ne peut se défendre aucun être vivant à l'approche, du danger et qui, chez nous, au lieu d'abattre les courages, les exalte au contraire à la hauteur du martyre.

Avions-nous tort de craindre? — Il faut le croire, puisque vous nous rassurez de la sorte. Pourtant, depuis quelque temps, il y a dans l'air je ne sais quelles exhalaisons suffocantes, qui sentent horriblement le monstre que vous traitez de chimère. Sous le nom de justes représailles, de précautions nécessaires, hier encore, on faisait résonner des mots sinistres qui rappellent les plus tristes jours. Sans doute aujourd'hui, comme les autres fois, il faut mettre ces clameurs menaçantes au compte des enivrements de la victoire. Tout cela, c'est certain, s'en ira en grondements inoffensifs. Car vous êtes là pour réprimer les excès, éteindre les appétits immodérés de cette tourbe frémissante qui surnage au-dessus de l'éruption démocratique, comme les scories sur les laves d'un volcan. Plus heureux que vos pères de 89 et vos frères de 70, vous dirigerez à votre gré cette chose terrible qui s'appelait jadis *l'hydre révolutionnaire* et qui, entre vos mains, n'est plus qu'un grand enfant mineur n'ayant de la *bête* que la *bêtise*. Vous lui ferez comprendre, à ce pupille cher à votre cœur, que si la persécution est funeste aux victimes, elle ne vaut rien pour les tyrans.

Eh bien, donc, puisqu'il en est ainsi : s'il est vrai que le catholicisme n'ait rien à redouter de la République : si la liberté que celle-ci nous apporte ne doit être l'esclavage de personne, pas même des honnêtes gens ; si, pour tout dire en un mot, votre code moderne ne doit abroger en rien l'antique et divin code qu'aucun pouvoir n'a jamais violé impunément, eh bien, alors nous vous dirons : *République, soyez notre Reine !*

RÉPUBLIQUE, SOYEZ NOTRE SŒUR !

Le mot est lâché... A moi maintenant de m'en tirer comme je pourrai !...

— Il a osé dire que l'infâme République peut devenir l'alliée, la sœur du catholicisme !.... Quelle lâche désertion ! quelle sacrilége capitulation ! ! !

— Il nous voit triomphants, il cherche à se mettre avec nous, afin de pouvoir manger à deux râteliers....

A qui vais-je répondre en premier lieu ?... Bah! si je ne répondais à personne.... ça serait plus vite fait...

Nous avons jusqu'ici causé sans dire de gros mots. N'êtes vous pas d'avis, Messieurs, que nous continuïons notre paisible chemin comme cela, sans descendre dans le ruisseau ? Laissons-y barboter, si ça leur plaît, sans même leur donner le coup de pied qu'ils méritent, ces petits carlins du ricanement et de l'insulte. D'ailleurs, regardez bien : ceux qui m'ont interpellé si grossièrement, les uns comme les autres, ce sont des *radicaux*..., ici les *rouges* et là les *blancs*. Passons entre deux et continuons.

Est-il vrai qu'il puisse survenir tel concours de circonstances que nous voyions un jour le catholicisme et la République vivre en bonne harmonie et se prêter un appui réciproque et fraternel?

C'est bien ce que j'ai avancé et je ne retire pas le mot. Quel obstacle, s'il vous plaît, pourrait rendre cette éventualité impossible? y a t-il une contradiction quelconque entre les éléments constitutifs de ces deux institutions? Nous avons avancé tout le contraire ; et je crois que ce ne serait pas une besogne bien ardue de prouver qu'entre l'Église primitive, telle qu'elle est sortie des mains de son fondateur, et une sage République, la distance n'est peut-être pas bien grande.

Ce qui est toujours certain, on ne saurait trop le répéter, c'est que, par son origine comme par sa destinée surnaturelle, le catholicisme doit être et est, par le fait, indifférent à toute sorte de gouvernement temporel. En conséquence, la Royauté, l'Oligarchie, l'Empire, la République ont un égal droit à son respect à ses suffrages, dès le moment qu'ils se

présentent sous la forme régulière d'un pouvoir constitué.
Il n'est donc permis à personne de traiter d'utopie, et
moins encore de crime, l'espérance, le vœu, que tout cœur
chrétien doit nourrir, de voir un peuple entier redevenir
une seule *âme*, un seul *cœur* pour chanter le *Domine sal-
vam fac Rempublicam*, avec la même sincérité qu'il a chanté
Domine salvum fac Imperatorem.

Je termine ici la digression pour revenir à vous, Messieurs les Députés. Car vous êtes impatients, je le sais, de
jouir de l'embarras que vous espérez me causer en cet endroit de notre discussion. Que je ne retarde pas votre
plaisir.

N'ai-je pas dit que le catholicisme doit être et est réellement indifférent à tout système de gouvernement temporel?
En effet; et cette proposition, je l'ai même présentée sous plusieurs formes: je l'ai répétée avec certaine affectation, nui-
sible peut-être à la correction et à la pureté de mon style,
qui ne se pique guère d'atticisme, mais assurément très-
propre à faire entendre que je la considère comme le
point de repère, le pivot de mon argumentation. Or, je
m'en aperçois, vous vous préparez à souffler sur elle et à
renverser ainsi tout l'échafaudage qu'elle soutient.

Pour me clouer contre le mur, il ne vous reste qu'à pro-
noncer ces quatre mots :

ROYAUTÉ DE DROIT DIVIN.

Et ce qu'il y a de plus curieux c'est que, si j'ai le mal-
heur d'être embarrassé, vous ne serez pas les seuls à jouir
de ma déconvenue. Il y en a bon nombre d'autres, qui ne
sont pas de *chez vous*, qui sont même quelque peu vos
ennemis, et qui, pour cette fois, feront *chorus* avec vous !
Seul contre tous ! Pour le coup, si j'en réchappe, je suis
des bons.

Eh bien, cependant, votre épouvantail ne m'épouvante pas du tout. De l'embarras, je n'en sens d'aucune sorte. Je dirai ma façon de penser.... Chacun dira ensuite la sienne... on choisira.... C'est ma manière, à moi, de me tirer d'affaire.

Pour commencer, je vous avouerai en toute franchise que je n'ai jamais pu faire entrer dans ma mauvaise tête qu'il y ait quelque part, sur notre planète, ce que l'on appelle une *royauté de droit divin*. Que Dieu ait déposé entre les mains de l'homme un pouvoir qui lui assure la libre direction de la famille dont il est le chef naturel, rien ne me parait plus raisonnable. Que le divin fondateur de l'Eglise universelle ait, en montant au ciel, délégué à ses représentants sur la terre le rayonnement de son pouvoir spirituel, rien encore de plus compréhensible. Et, en ce qui concerne les sociétés temporelles, étant donné un gouvernement établi dans des conditions que nous n'avons pas à spécifier ici, que le chef de ce gouvernement exige au nom de Dieu le respect et l'obéissance de ses sujets, c'est encore très-légitime ; car, pour ce dernier cas comme pour les deux autres, le droit est fondé sur une loi divine, c'est toujours un *droit divin*.

Mais, qu'après avoir pris si peu de souci des rois et des puissances de la terre, pendant qu'il conversait parmi eux, notre législateur se soit décidé du haut du ciel à désigner la famille privilégiée dont les membres auront, à travers les siècles, le droit héréditaire, inamissible, *divin*, de commander à leurs semblables, c'est ce qu'il me paraît plus difficile de soutenir. Cette opinion, — heureusement ce n'est qu'une opinion, — me semble impliquer une contradiction des plus flagrantes. Dieu ne peut, en effet, avoir établi une forme spéciale de gouvernement temporel et avoir donné en même temps la liberté, que dis-je ? le commandement d'obéir à un pouvoir tout contraire. Pour Dieu, pas plus que pour les hommes, il ne peut y avoir de droit opposé au droit.

Cette théorie du droit divin, en politique, se comprend sous la loi judaïque. Il s'agissait alors du seul peuple hébreu, que Dieu avait séparé de tous les autres peuples, pour en faire, comme dit le texte sacré, *sa part, son héritage* exclusif. Les positions respectives étaient là nettement tranchées et les rôles clairement dessinés. Les Juifs savaient fort bien qu'ils étaient réellement le *peuple de Dieu*. Dieu, à son tour, se montrait vraiment roi par la sollicitude avec laquelle il daignait descendre jusqu'aux plus petits détails des affaires temporelles, en faveur de cette nation privilégiée qu'il gardait comme la *prunelle de son œil.*

Et néanmoins, chose digne d'attention ! quoique les droits temporels de Dieu sur son peuple fussent des plus incontestables ; quoique la théocratie fût le système de gouvernement à la fois le plus honorable et le plus avantageux pour les Juifs, on remarque que Dieu ne se montra pas tellement jaloux de son droit, qu'il ne permit à ses sujets de faire l'essai successif de plusieurs autres espèces de gouvernement. Il est vrai que quand il leur accorda un roi, ce ne fut que *ad duritiam cordis* et pour qu'ils y trouvassent le châtiment de leur ingratitude. Mais ce n'est pas tout

A peine la royauté avait été enfantée par une miséricordieuse condescendance, le front de l'élu du Seigneur était encore tout humide de l'onction céleste, et déjà le principe d'hérédité recevait une rude atteinte : le premier roi de *droit divin* ne transmit pas le sceptre à son fils. Par ordre de Dieu, il fut donné à un étranger ; comme pour faire comprendre que le Seigneur ne veut partager avec personne son immutabilité.

Si donc le principe de droit divin fut si précaire chez les Hébreux, où, même humainement parlant, il paraissait si facile de le maintenir dans toute sa pureté, que penserons-nous de son application sous la loi nouvelle ? Ici, il ne s'agit plus d'un seul petit peuple confiné dans un coin de terre, mais de tous les peuples répandus sur la surface du globe, qui sont appelés à faire partie de la nouvelle Jérusalem.

L'Église est catholique : par cela seul, elle doit pouvoir s'accommoder à toutes les variétés de gouvernement nécessitées par le tempérament et les mœurs de chaque portion de la grande famille humaine.

Qu'on dise donc ce que l'on voudra, mais jamais on ne me fera croire que Dieu, parce qu'il aime la France, ait entendu lier indissolublement son existence à telle branche d'une telle dynastie, quelque digne qu'elle soit d'ailleurs d'une élection divine. Jamais surtout je ne pourrai admettre que notre sublime religion, placée si au-dessus des futilités de ce monde, soit obligée de soutenir les prétentions de tel parti politique, qui croit avoir reçu de Dieu et conserver intact, à travers les vicissitudes des événements humains, le problématique pouvoir de dicter des lois.

J'avais promis de dire ma franche façon de penser : j'ai tenu ma promesse. Il se pourrait même que j'aie dépassé mon but, en insistant outre mesure sur un point qui a tout l'air ici d'un hors-d'œuvre. Je vais donc essayer de me faire pardonner ma digression, messieurs les Députés, en me posant à moi-même une question qui va me reporter en plein dans mon sujet et qui peut-être vous intéressera.

S'il n'est inféodé à aucun système politique,

LE CATHOLICISME N'A-T-IL PAS DES PRÉFÉRENCES ?

On ne peut nier, en effet, que l'Eglise, indifférente en principe à toute combinaison gouvernementale, n'ait eu l'air, en ces derniers temps, de faire un choix parmi les nombreux compétiteurs qui se disputent la périlleuse gloire de présider aux destinées de notre pauvre France. C'est la royauté héréditaire de la branche aînée des Bourbons, qui paraît avoir rallié la presque unanimité des membres du clergé et beaucoup de personnalités marquantes, représentant l'élément laïque du catholicisme. Vous voulez, sans doute, que je vous explique comment j'entends que cela soit arrivé ? — Je le ferai sans répugnance ; et l'explication que j'ai à vous donner là-dessus servira merveilleusement à en compléter une autre que je n'ai fait qu'ébaucher plus haut.

A propos de la répulsion éprouvée de tout temps par le catholicisme à l'égard de la démocratie, vous vous souvenez que j'en ai indiqué la cause dans la constatation de ce fait déplorable, que les tribulations de l'Eglise en France ont invariablement coïncidé avec l'avénement de ce régime politique. Eh bien, la prédilection de l'Eglise pour la Royauté héréditaire est précisément le corrélatif de cette répulsion et s'explique par une raison analogue. L'Eglise catholique ne peut oublier tous les bienfaits qu'elle a reçus de la royauté et, dans son désir bien naturel de voir la continuation de sa prospérité, elle a toujours fait des vœux pour le perpétuel renouvellement d'une race chez laquelle la piété et l'amour de la religion sont héréditaires comme le sceptre. Et ce désir s'est encore augmenté récemment en elle, de toute la crainte que lui inspirait l'avénement possible d'un gouvernement qu'une triste expérience lui avait appris à redouter. Voilà l'explication du mystère.

Mais cette attraction de l'Église pour la Royauté française a-t-elle réellement une raison d'être ? y a-t-il dans le passé quelque chose qui la justifie ? Pour s'en convaincre, il suffit de jeter les yeux sur cette

LARGE ESQUISSE HISTORIQUE.

Ce ne sera pas une digression cette fois, mais plutôt un fil conducteur, une espèce de clef qui nous ouvrira bien des portes. Puisse-t-elle nous ouvrir celle de la paix et de l'union ?

Sortie des entrailles du Calvaire, la divine source évangélique formée du sang d'un Dieu et bouillante de son amour, s'était élancée pour purifier le monde de ses souillures et le féconder pour la grande moisson du ciel. Le champ était vaste et les ouvriers peu nombreux. Plus de trois siècles étaient déjà passés, et l'antique sol des Gaules, trop éloigné du nouveau foyer civilisateur, ne produisait guère encore que de sombres forêts et des chênes séculaires propres tout au plus à abriter les sacrifices sauvages des victimes humaines. Les *Francs* parurent un jour, et les *druides* refoulés durent aller cueillir leurs *gui sacré*, aiguiser leurs faucilles d'or et leurs haches de silex, dans les humides bas-fonds de la vieille Armorique. Car, avec les Francs arriva Dieu et son Eglise. Le premier roi de France fut Clovis; les autres ne comptent pas.

Or, ce Clovis fut plus que roi de France. Tolbiac vit une double victoire : le lourd Allemand précipité dans le Rhin qu'il ne devait pas *encore* franchir; et le front du *fier Sicambre* courbé sous la croix du Dieu de Clotilde.

Grand fut l'événement de ce jour à jamais mémorable. Un pacte solennel s'établit entre le christianisme et la royauté qui naissaient en même temps sur les rives de la Saale. Le christianisme recevait promesse de respect, de protection; la France devenait la *fille aînée* de l'Église, son roi, le premier *chevalier* du Christ. Désormais, il faudra dire *Gesta Deï per Francos*.

On doit bien le reconnaître, jamais traité ne fut mieux observé par les parties contractantes. La paix non plus ne fut pas troublée un seul instant. L'Église et la Royauté ont marché comme deux sœurs jumelles, en se donnant la main. Rien n'a pu briser leur intimité, pas même les divers changements de dynasties survenus sur le trône de France, changements opérés sous les yeux de l'Église, avec son approbation, quelquefois même peut-être sur sa décision. Car, c'était bien avec la royauté et non avec le roi, que Dieu avait fait alliance.

C'est ainsi que ces deux chaînes, l'une divine, l'autre

royale, se sont prolongées le long des siècles jusqu'à nos temps. La chaîne divine continue à se dérouler; car son extrémité est au ciel; la chaîne royale est rompue. Quelques-uns de nous en ont pu voir briller le dernier anneau ; plusieurs ont assisté à un raccordement éphémère, et tous nous avons failli voir se renouer, pour des siècles encore, cette antique couronne de lis, qui aurait certainement projeté sur les destinées de la France plus de lumière et moins de nuages qu'on ne le dit.

Quoi qu'il en soit et pour resserrer notre discussion, disons qu'en face de ces grands traits rapidement esquissés de notre double histoire politique et religieuse, personne n'osera plus s'étonner de cette sympathie, de cette quasi-solidarité qui s'est établie entre le catholicisme et la royauté française. Deux êtres qui se rendent de mutuels services, qui se complètent l'un l'autre, peuvent-ils s'empêcher de s'aimer, de chercher à rendre leur union indestructible?...

Ici, pour achever de faire bien comprendre mon idée, j'ai besoin d'établir une

HYPOTHÈSE RÉTROSPECTIVE.

Supposons, qu'à son apparition sur le sol vierge de la nouvelle France, le christianisme, au lieu de trouver attaché à la *francisque* des Saliens, le drapeau royal de Mérovée, y eût vu flotter n'importe quels insignes de n'importe quelle République descendue des montagnes de la Scandinavie, ou poussée des bords du *Palus-Meotides* par les hordes des Goths, des Huns ou des Hérules. Que serait-il arrivé? — Absolument la même chose.

C'est-à-dire, l'alliance que nous avons vue se conclure entre la religion et la Royauté se serait identiquement reproduite avec la République, à moins de supposer, ce qui serait par trop gratuit, que celle-ci eût éprouvé pour sa sœur jumelle une répulsion que rien n'eût pu justifier. Les mêmes causes amenant les mêmes effets, dans des conditions égales, la même union, la même solidarité seraient nées de ce commerce journalier de bons offices, entre deux institutions dont les intérêts se touchent par tant de côtés.

Inévitablement cette communauté d'intérêts aurait imposé aux deux pouvoirs qui se partagent tout l'homme et qui exercent sur lui chacun sa part d'une influence indivise la nécessité de rendre la bonne entente durable. Les choses auraient donc marché dans notre hypothèse comme elles ont marché dans la réalité, sans que jamais le catholicisme se fût avisé d'examiner si le mot de République sonnait à l'oreille aussi agréablement que celui de monarchie. Je me trompe : comme il arrive infailliblement qu'on trouve toujours agréable le nom de l'être qui nous est cher, il est hors de doute que le mot de République eût joui du prestige dont jouit aujourd'hui celui de monarchie; et, en ce moment, par un renversement de rôles qui peut nous paraître plaisant, mais qui assurément eût été bien naturel, nous verrions l'étiquette de *cléricalisme* apposée sur le front d'une *légitimité républicaine* : et celle-ci, ayant à lutter contre les envahissements de la monarchie qui voudrait prendre sa place, trouverait à son tour dans l'Église catholique, l'appui et les préférences accordés de fait à sa rivale.

A toute discussion raisonnable il faut, Messieurs, vous le savez, une

CONSÉQUENCE PRATIQUE.

La mienne, je l'ai déjà insinuée plus haut. Pour plus de clarté, je vais la formuler d'une manière plus explicite.

Si la République veut que l'Église catholique dépose sa défiance vis-à-vis d'elle; si elle veut être acceptée franchement,

non pas comme un fléau, non pas même comme un pis-aller,
une pénible nécessité ; mais bien comme une auxiliaire, qui
l'aide à conduire la Société vers son but éternel, que la
épublique imite la Royauté. — Qu'a fait la Royauté ?

Elle a pris sous sa protection cette fille du ciel qui n'a-
vait pas de royaume sur la terre. S'apercevant que l'influence de la religion s'exerçait essentiellement dans le sens
de la moralisation des peuples, elle l'a considérée comme
un élément nécessaire à son existence, et dès lors n'a pas
hésité à la faire entrer comme partie intégrante de sa constitution. Sans obéissance point de société possible, partant
point de gouvernement : or, sans principe religieux,
point d'obéissance. La royauté le savait bien. Dès lors, -
pour elle, les ouvriers évangéliques, au lieu d'être des adversaires, devinrent au contraire des associés du pouvoir
civil qui, par eux, agissait sans contrainte sur les consciences
c'est-à-dire sur l'homme raisonnable, et assurait, de la manière la plus efficace, la complète obéissance aux lois.

On vit alors se renouveler le touchant spectacle qu'offri-
rent les dix tribus d'Israël lors de leur entrée dans la terre
promise. Les neuf tribus se partagèrent le sol fertile que Dieu
venait de leur livrer, après quarante ans de luttes et de
souffrances : seule, la tribu de Lévi ne reçut aucune portion de cet héritage : son royaume à elle n'était pas non
plus de ce monde : cétait la tribu *sainte* et les bras de ses
enfants ne devaient s'appliquer qu'à de célestes travaux.
Faire monter vers le trône de Jéhovah l'odeur embaumée de
leurs encensoirs d'or ; faire descendre sur les champs d'Israël la rosée bienfaisante et la chaleur qui mûrit les mois-
sons, répandre enfin aux pieds des autels le sang des victimes expiatoires pour retenir sous les tentes de Jacob la
victoire que seul peut assurer le *Dieu des armées* : telles
étaient les constantes occupations des lévites.

Aussi, ne devaient-ils pas se trouver distraits de leur sublime mission par la moindre des préocupations terrestres.
C'est pour cela que chacun venait à l'envi déposer sur les

degrés du temple les prémices de son champ, de sa vigne. Ce n'était pas un tribut qu'on payait : c'était un don de reconnaissance, et en même temps un gage assuré des nouveaux bienfaits qui allaient couler sur l'heureux peuple fidèle à son Dieu.

Quelque chose de semblable se produisit entre la société française et l'Église sous les premiers rois. La nouvelle tribu sainte avait à remplir une mission mille fois plus sainte encore que celle de la tribu de Lévi. La terre entière s'offrait à ses incessants travaux, à ses immortelles conquêtes. Pour les accomplir avec dignité et vigueur, elle devait se sentir, elle aussi, affranchie des entraves matérielles qui embarrassent le reste des hommes.

La Royauté le comprit et s'appliqua à briser ces liens, en créant pour les ministres du culte une existence sociale exceptionnelle, dont aucun des autres ordres de la nation ne s'avisait d'être jaloux. Ce ne fut pas tout. Entraînés par l'exemple de leurs rois, les peuples, qui aiment instinctivement cette religion qui leur apprend à n'être pas trop malheureux sur la terre et à se préparer le bonheur parfait du ciel, les peuples vinrent spontanément se ranger sous la houlette de leurs dévoués pasteurs, et, brebis reconnaissantes, voulurent partager avec eux le lait de leurs mamelles, la laine de leurs toisons. Tout le monde sentait que, si par sa tête, la sublime religion du Christ touchait au plus élevé des cieux, elle devait nécessairement avoir un point d'appui sur la terre, puisque Dieu l'avait promulguée par les hommes et pour les hommes.

De là les libéralités de la société civile pour la société religieuse, libéralités qui n'ont jamais été réglées par d'autres lois que par celle de la reconnaissance et de la plus légitime des amitiés : loi sans doute bien fondée sur la nature des choses, puisqu'elle a été respectée, confirmée même par tout ce qui est venu, depuis plus de quatre-vingts ans, essayer de prendre la place laissée vide par cette antique, cette respec-

table Royauté française. Car elle a disparu elle aussi,
comme c'est la condition de tout ce qui est humain. Et à ce
propos, permettez, Messieurs, que je vous rappelle en finis-
sant un

ÉPISODE INSTRUCTIF.

Il appartient essentiellement à notre histoire contempo-
raine, puisqu'il marque à la fois la fin de la monarchie
héréditaire et l'avénement de la République. En méditant
sur ce dernier tableau que j'offre à vos réflexions, vous
apprendrez peut-être à mieux connaître, à mieux admirer
cette religion, que vous connaissez, que vous admirez déjà
tant. Dans tous les cas, vous y puiserez un enseignement
utile pour votre position présente et un secret que vous ne
sauriez acheter trop cher. Car s'il est difficile de vaincre,
il est bien plus difficile encore de savoir profiter de la victoire.

Un jour, emportée par un vent venu on ne sait d'où, la
monarchie française disparut. La terre trembla si fort sous
les débris du trône, que l'autel en fut tout ébranlé. Ils
étaient si proches !... Cependant, chose étrange ! quoiqu'ils
fussent comme soudés l'un à l'autre, après quelques oscilla-
tions, quelques moments de trouble qu'il faut toujours
accorder à toute forte commotion, le catholicisme se retrouva
debout comme auparavant. Ah ! c'est que celui-là ne peut
périr ! un bon prophète l'a dit....

La Royauté n'est plus ! Quelque chose a pris sa place.
Qu'est-ce ? Nul ne le sait : car cela change tous les jours...
Et puis, il ne faut point regarder en face : ce n'est pas
beau.... ça a même du sang sur le visage. Mais il paraît
que ce n'est qu'un masque.... sous ce plâtre dégoûtant on
dit qu'il y a du bon. Nous verrons bien !.... Les métamor-
phoses continuent....

Enfin une figure se débrouille dans un chaos... Le catholicisme semble lui sourire. Pourtant ce n'est pas la Royauté : car, elle n'est pas belle non plus, cette figure, tant s'en faut ! D'ailleurs la Royauté est morte.... Le catholicisme le sait bien : il a même été pleurer longtemps sur sa tombe, comme on pleure sur la tombe d'une sœur.... N'importe, il sourit encore au nouveau venu.... il l'acclame... et cela dure longtemps.

Trop longtemps peut-être pour une figure qui n'est pas belle, et qui n'a pas fait tout beau...

Cependant ne dites pas, pour cela, que nous sommes des transfuges..... que nous avons abandonné notre drapeau. Car, vous le savez, le catholique n'a pas d'autre camp que son Église.... son drapeau, c'est la croix !....

Or, justement, ce nouveau venu a relevé la croix... Il a protégé l'Église !

RÉPUBLIQUE, RELÈVE AUSSI LA CROIX ! PROTÉGE AUSSI L'ÉGLISE ! ! !

IMPRIMERIE CENTRALE DES CHEMINS DE FER, — A. CHAIX ET Cie, RUE BERGÈRE, 20, A PARIS. — 5372-8.